A VIDA NUMA COLÔNIA ESPIRITUAL

Estudo do livro *Nosso Lar*, de André Luiz

Solicite nosso catálogo completo, com mais de 400 títulos, onde você encontra as melhores opções do bom livro espírita: literatura infantojuvenil, contos, obras biográficas e de autoajuda, mensagens espirituais, romances, estudos doutrinários, obras básicas de Allan Kardec, e mais os esclarecedores cursos e estudos para aplicação no centro espírita – iniciação, mediunidade, reuniões mediúnicas, oratória, desobsessão, fluidos e passes.

E caso não encontre os nossos livros na livraria de sua preferência, solicite o endereço de nosso distribuidor mais próximo de você.

Edição e distribuição

EDITORA EME
Caixa Postal 1820 – CEP 13360-000 – Capivari-SP
Telefones: (19) 3491-7000 | 3491-5449
Vivo (19) 9 9983-2575 ☉ | Claro (19) 9 9317-2800
vendas@editoraeme.com.br – www.editoraeme.com.br

JOÃO DUARTE DE CASTRO

A VIDA NUMA COLÔNIA ESPIRITUAL

Estudo do livro *Nosso Lar*, de André Luiz

CAPIVARI-SP • 2019

© 1988 João Duarte de Castro

Os direitos autorais desta obra foram cedidos pelo autor para a Editora EME, o que propicia a venda dos livros com preços mais acessíveis e a manutenção de campanhas com preços especiais a Clubes do Livro de todo o Brasil.

A Editora EME mantém o Centro Espírita "Mensagem de Esperança" e patrocina, junto com outras empresas, instituições de atendimento social de Capivari-SP.

8ª reimpressão – dezembro/2019 – de 19.501 a 22.000 exemplares

CAPA | André Stenico
PROJETO GRÁFICO E DIAGRAMAÇÃO | vbenatti
REVISÃO | Editora EME

Ficha catalográfica

Castro, João Duarte de, 1931-1992
    A vida numa colônia espiritual / João Duarte de Castro –
8ª reimp. dez. 2019 – Capivari-SP: Editora EME.
    192 p.

    1ª edição - jan. 1988
    ISBN 978-85-7353-087-1

    1. Espiritismo. 2. Vida nas colônias espirituais.
    3. Colônia Nosso Lar. 4. Textos para reflexão. I. TÍTULO.

CDD 133.9

O panorama da Natureza é o poema de louvor ao Criador, a mais insofismável prova de Sua existência e do Seu amor para com o Homem.

Não se compreende como possam existir ateus e descrentes, quando tudo nos fala de Deus e testemunha Sua paternidade na Criação.

Vivemos completamente em atmosfera divina, gozando as vibrações expandidas pelo Amor Divino, participando de dons da própria Divindade, pois que criados por Ela, somos essência Sua e, portanto, somos divinos também!

Leon Tostói

Allan Kardec a 18 de abril de 1857 com a publicação de O Livro dos Espíritos *revelou ao mundo material a existência do mundo espiritual, mundo normal primitivo que preexiste e sobrevive a tudo. Revelou, também, que é incessante a correlação entre estes dois mundos, porquanto atuam um sobre o outro permanentemente.*

E, ao levantar o véu que encobria o mundo dos espíritos livres da couraça carnal, revelou ainda a eternidade da Vida, a sublimidade do Universo e a verdadeira face de um Criador soberanamente bondoso e justo.

A Allan Kardec, por ter libertado o Espírito do Homem dos grilhões da ignorância, humildemente dedico este livro.

O autor

DEDICATÓRIA

– Aos que creem que a hora da morte é a hora da imortalidade e que a vida estruturada não é privilégio do plano terrestre.

– Aos meus pais, Cândido Parreira Duarte e Maria Parreira de Castro, e também a meu irmão Enéas Parreira Duarte, a quem espero encontrar em alguma Colônia Espiritual.

– Aos meus netinhos Caroline, Jorginho, Carina, Caren, Camila, Bruno e Bianca.

– Aos meus irmãos Filhinha, Lola, Cândido, Vasco, Jonas, Epaminondas, Rachel e Palmira.

– À querida amiga Miriam Moreira Prestes.

– Aos escritores, companheiros de semeadura, Celso Martins, Antônio Fernandes Rodrigues, Arnaldo Divo R. de Camargo, Aureliano Alves Netto, Sérgio Lourenço e Gil Restani de Andrade.

– A Diná Helena, Dirce, Diva, Jeanette, Humberto Sodré, Severino, Milton, Eliana, Luci, Piedade, e a todos os demais companheiros do Centro Espírita "Henrique Seara", de Santos-SP.

Dedico este livro,
João Duarte de Castro

SUMÁRIO

A vida espiritual 11

Primeira parte
Uma tarefa muito difícil! 17
As colônias espirituais existem! 21
E como vivem os espíritos?! 25
Os planos espirituais. A matéria-prima. Ocupação e
maravilhas do mundo dos espíritos 29
Um depoimento jovem no plano espiritual 35
O porquê das colônias espirituais 41
A vida numa colônia espiritual 47
Explicação necessária 47
A vida numa colônia espiritual
01. Características das colônias espirituais 51
02. Nosso Lar 53
03. Uma cidade programada 55
04. A divisão do espaço 58
05. A natureza, o panorama 60
06. O parque hospitalar; atendimento médico 61
07. Organização administrativa 63

08. Abastecimento: água e alimentação 65
09. O transporte 67
10. O arquivo mental 68
11. O trabalho...........................69
12. O lazer e o entretenimento....................72
13. Organização doméstica 74
"The Astral City" – Um acontecimento auspicioso, Nosso Lar em inglês.........................79

Segunda parte
01 – Num curso de regressão hipnótica...........85
    I. Considerações preliminares 85
    II. Demonstração prática de regressão.........87
    III. Regressão à vida intrauterina.............88
    IV. Regressão a vidas passadas...............93
02 – Dois casos de sonho recorrente...............107
    I. Uma testemunha da tragédia de Pompeia...........108
    Ii. As estranhas cicatrizes....................110
03 – Das citações.........................115
04 – Jesus de Nazaré, o revolucionário do amor!..........119
05 – André Luiz, o repórter do outro mundo 129
06 – Emmanuel 137
07 – Camille Flammarion, o filósofo do firmamento 147
08 – Leon Tolstói, espírito 153
09 – Allan Kardec, o codificador 163
10 – Espiritismo e comportamento espírita (I)...........173
11 – Espiritismo e comportamento espírita (II) 179
Fontes de consulta.........................185
Dados referenciais do autor....................187

A VIDA ESPIRITUAL

COM O ADVENTO do espiritismo, aumentou consideravelmente o número de livros que descrevem a vida espiritual, desde as regiões trevosas até as colônias mais elevadas; mas, principalmente, com as obras de André Luiz é que ficamos sabendo a respeito das atividades dos espíritos, na outra dimensão da vida.

Através desses livros, tomamos conhecimento do dia a dia dos espíritos, do cotidiano, pois ficamos sabendo como eles trabalham, como estudam, como se divertem, enfim, como utilizam o tempo.

E é, baseando-se em André Luiz e outros autores, que o nosso caríssimo confrade, João Duarte de Castro, escreveu o presente livro.

Esta obra é dividida em duas partes: a primeira trata do que mencionamos acima; a segunda relata algumas experiências de regressão, onde o hipnotizado fala sobre os acontecimentos de uma vida anterior. São provas irrefutáveis da realidade de outras reencarnações, alertando-nos a respeito dos resultados daquilo que fizemos anteriormente. É natural que hoje somos aquilo que fizemos ontem. Somos herdeiros de nossas ações. A Lei é inflexível: se semearmos o bem, seremos felizes; se plantarmos o mal, colheremos sofrimentos. Não devemos esquecer também, que o tempo não nos perdoa; se o malbaratarmos, estacionaremos na ignorância; se o valorizarmos, avançaremos na senda evolutiva.

A segunda parte é acrescida de interessantes textos evangélicos e um estudo sucinto sobre Jesus, André Luiz, Emmanuel, Camille Flammarion e Leon Tolstói, estudos esses valorizados com excelentes excertos que muito nos elucidam a respeito da obra desses grandes benfeitores.

Finalizando apresenta-nos alguns dados biográficos do codificador e citações de Deolindo Amorim, sobre espiritismo e comportamento espírita.

Temos aí uma breve e pálida apresentação do livro, que vem enriquecer a Biblioteca Espírita.

É mais uma apreciável contribuição para que possamos conhecer o mundo que nos aguarda, quando deixarmos as vestes carnais.

Antônio F. Rodrigues

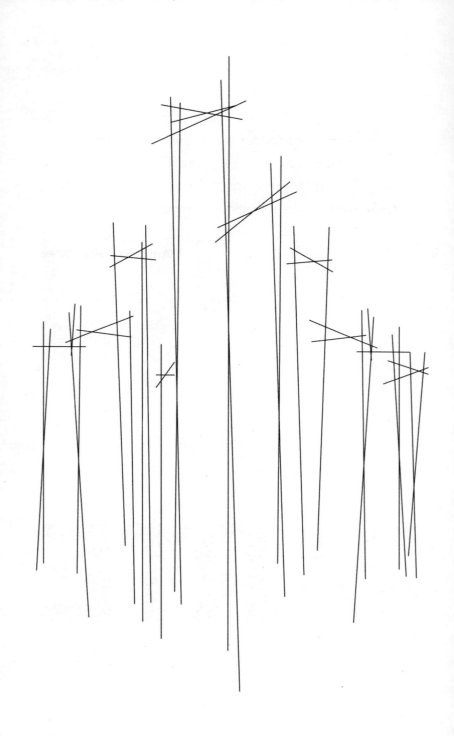

PRIMEIRA PARTE

UMA TAREFA MUITO DIFÍCIL!

*"Há muitas moradas na casa de meu Pai.
Se assim, não fosse, eu vô-lo teria dito".*
Jesus

ALGUÉM JÁ IMAGINOU **as dificuldades que encontraria para tentar explicar a existência e o funcionamento de aparelhos como a televisão a cores ou o computador, do raio laser, das naves espaciais, ou mesmo o uso da eletricidade, da iluminação artificial, e de tantas outras conquistas do homem moderno, a** pessoas que jamais houvessem sequer sonhado com coisas assim?!

Tornar isso inteligível a habitantes das mais remotas localidades, a naturais lá do sertão bruto, de vilarejos perdidos, sem qualquer contato com a civilizacão?!

Contar ao esquimó, por exemplo, que lugares há em que as pessoas precisam usar trajes sumários por causa do grande calor, que banhistas vão à praia praticamente despidos, e que entram no mar podendo permanecer dentro da água pelo tempo que lhes aprouver?!

Ou então dizer aos naturais das regiões desérticas, tórridas, que existem locais totalmente cobertos por gelo?!

A reação de gente assim, diante de tais exposições, seria evidentemente de incredulidade, de espanto, de estupor mesmo!

Não é preciso ir muito longe: tente você explicar a uma criança que está diante de um aparelho de televisão como é que as imagens dos fatos que naquele preciso momento estão acontecendo do outro lado do mundo, chegam ao televisor com tal nitidez, ao vivo e a cores! Ou como é que pelo simples premir de um botão, lâmpadas se acendem e a claridade se faz como que por encanto!

Ou como é que naquela fita de videogame podem estar encerrados os jogos e as imagens que aparecem na tela!

Ou ainda, procure explicar ao seu filhinho como faz o avião para cortar os ares com tamanha velocidade levando em seu interior pessoas e equipamentos, ou como é que o submarino pode viajar pelas profundezas do mar! E aquele robô que executa praticamente tudo o que faz uma pessoa!

Ou mais: faça você próprio, leigo no assunto, estas indagações e procure entender o funcionamento de tudo aquilo que o rodeia e que torna sua vida tão mais fácil, mais cômoda e mais agradável!

E como é que de uma pequena semente pode resultar a árvore frondosa, e como é que do lodo ou do esterco pode surgir a flor tão bela!

Uma tarefa muito difícil, não é mesmo?

E se tamanha dificuldade há para se explicar a existência e o mecanismo destas coisas daqui mesmo, que estão aí ao alcance das mãos e dos olhos, imagine-se então, falar a respeito da vida em uma colônia espiritual!

Mas não é por isso que se deve deixar de abordar a realidade da vida em outros planetas, ou deve-se deixar de considerar a existência de comunidades no Além.

Admiração, espanto, zombaria, incredulidade?

Nada disso importa, tudo não passa de reação natural para quem não está ainda preparado para assimilar uma bateria mais avançada de conhecimentos.

Sempre foi assim e assim continuará até que o terreno esteja devidamente preparado para a definitiva semeadura!

Não aconteceu o mesmo com as palavras de Jesus?!

Não sucedeu isso mesmo quando se cogitou da redondeza da Terra, dos movimentos de nosso planeta, do fato de ser o Sol o centro de nosso sistema planetário, da possibilidade de se descobrir novas terras além dos mares bravios, da possibilidade de se construir um aparelho que voasse sendo embora mais pesado que o ar?!

Logo...

AS COLÔNIAS ESPIRITUAIS EXISTEM!

"E, no entanto, ela se move!"
Galileu Galilei

NÃO SÓ ANDRÉ Luiz, mas também o irmão Jacob, e tantos outros espíritos nos têm falado da vida em outros planos. Muitos são os livros de autores desencarnados que nos descrevem pormenorizadamente a existência lá no plano espiritual. Vida maravilhosa e organizada nas esferas de ordem superior; vida horrível e difusa nos planos de ordem muito inferior.

E há também os depoimentos das pessoas que passaram pela experiência da morte aparente, que estiveram em estado de coma, que foram dadas como mortas e que foram ressuscitadas pelos atuais recursos da medicina, ou sabe-se lá como ou por que retornaram a esta vida.

Os testemunhos destes que ultrapassaram as fronteiras da existência e que regressaram, são valiosíssimos, porquanto médicos, cientistas, pesquisadores, profissionais respeitados e competentes que, em geral, nenhuma ligação têm com o espiritismo, comprovam a veracidade de tais declarações! E atestam, após exaustivos estudos, pesquisas, entrevistas, comparações, testes, que não há possibilidade de que tudo seja delírio, sonho ou imaginação exacerbada de pacientes submetidos a um transe crucial.

E não são apenas alguns poucos casos isolados, mas sim depoimentos de centenas e centenas de pessoas com muitos pontos coincidentes entre si.

E o próprio comportamento posterior de quem viveu esta suprema experiência vem comprovar a sinceridade de seus relatos: passam a ter uma nova concepção de vida, passam a viver uma experiência mais elevada espiritualmente, têm uma outra visão de religiosidade que, quase sempre, contraria sua crença de até então e evidenciam um total desprendimento das coisas terrenas!

Muitos são os livros de autores e pesquisadores não espíritas que nos apresentam as declarações e as entrevistas destas pessoas que estiveram do outro lado da vida que experimentaram, ainda que por breves instantes, a existência em uma outra dimensão. O Dr. Raymond A. Moody, pesquisador norte-americano, para citar apenas um exemplo, lançou nos Estados Unidos dois livros de muito sucesso no gênero: *Life After Life* e *Reflexions on Life After Life*. Livros estes já existentes no Brasil, devidamente traduzidos.

Porém, apesar destas circunstâncias todas que têm por objetivo fazer com que o homem desperte para a realidade da vida no plano espiritual, ainda longe está o tempo em que possa ele descerrar seus olhos ou abrir seu entendimento para uma tal evidência!

E, no entanto, as colônias espirituais existem!

E COMO VIVEM OS ESPÍRITOS?!

QUER PELOS ENSINAMENTOS contidos nos livros de autores desencarnados que narram suas próprias experiências, como pelas declarações de pessoas que ultrapassaram as fronteiras da morte física e que retornaram por não haver ainda chegado sua hora de partida ou para prestarem de viva voz seu testemunho, podemos ter uma noção bastante minuciosa da vida em uma colônia espiritual.

E assim tomamos conhecimento da existência de cidades no plano maior com vida intensa e ativa, com prédios magníficos, escolas, hospitais, sistemas de transporte, locais de trabalho com seus trabalhadores especializados, vida social. E por lá também há campos, jardins, rios, lagos, bosques e animais, apenas que de forma mais bela, mais requintada, mais perfeita.

Os habitantes das colônias espirituais também trabalham, vestem-se, alimentam-se, têm atividades artísticas, dormem, descansam, divertem-se.

Nas comunidades espirituais as crianças, após passarem pelas enfermarias de recuperação, são encaminhadas para educandários sob a orientação de professoras. Estas escolas ficam em maravilhosos parques, em locais aprazíveis, num ambiente de alegria e suavidade.

Nas cidades do Além há o namoro e existe o casamento. Mas o noivado é muito mais belo e o casamento está isento de interesses de ordem material. Os casais se buscam e se unem por algo sublime que está acima do desejo sexual, além da mera atração física, mas pelo simples prazer da convivência entre almas que se identificam e que se afinam. Amor e afinidade espiritual, eis o que importa!

Em *Nosso Lar*, no capítulo 45, intitulado *No campo da música*, André Luiz fala desses relacionamentos amorosos entre seres afins no plano espiritual. Havia ele ido visitar uma vez a casa de Lísias, seu enfermeiro dos primeiros tempos na colônia e dedicado amigo, de onde iriam para o Campo da Música para um programa social. Despedindo-se dos amigos que saíam para o passeio, a senhora Laura, mãe de Lísias, disse-lhes: "Então, doravante, a cidade terá mais um frequentador para o Campo da Música! Tome cuidado com o coração!..." E André Luiz continua narrando esta interessante passagem: "Em meio da geral alegria, ganhamos a via pública. As jovens faziam-se acompanhar de Polidoro e Estácio, com quem palestravam animadamente. Lísias, a meu lado, logo que deixamos o aeróbus numa das praças do Ministério da Elevação, disse carinhoso: "Finalmente você vai conhecer minha noiva, a quem tenho falado muitas vezes a seu respeito." É curioso – observei intrigado – encontrarmos noivados também por aqui... Ao que Lísias argumentou: " Como não? Vive o amor sublime no corpo mortal, ou na alma eterna? " E mais adiante: " O noivado é muito mais belo na Espiritualidade. Não existem véus de ilusão a obscurecer-nos o olhar. Somos o que somos. Lascínia e eu já fracassamos muitas vezes nas experiências materiais." E mais adiante, ainda, fala de seus projetos de matrimônio: "Lascínia e eu fundaremos aqui, dentro em breve, nossa casinha de felicidade, crendo que voltaremos à Terra precisamente daqui a uns trinta anos."

Lá na colônia espiritual os habitantes podem ter

sua casa própria com pomar e jardim e com as comodidades todas devidas a quem trabalha.

A música é sublime e está em todos os recantos, no ar, nos corações, faz parte integrante da vida de todos. E existem instrumentos musicais desconhecidos na Terra e que podem reproduzir os sons mais puros e melodiosos da harmonia universal.

E não estamos nos referindo às mais altas esferas, aos planos superiores, mas sim a colônias de trabalho, de estudo e de refazimento, mais próximas de nosso planeta. Estes locais não são, propriamente, de espíritos já vitoriosos, que já se sublimaram ou que já se libertaram do ciclo reencarnatório.

Apesar disso, os moradores destas colônias são ditosos, felizes, porque atingiram já um plano superior ao da Terra, muito embora aí estejam apenas fazendo um estágio de preparação, de recuperação e de aprimoramento a fim de retomarem seus compromissos aqui assumidos, e que aqui devem ser devidamente quitados.

Portanto, estes estagiários das comunidades espirituais continuam com costumes e necessidades de ordem material, pois também possuem um corpo perispiritual, embora menos denso que o envoltório terreno. Só quando purificados é que os espíritos se desprendem de todas as necessidades e condições próprias dos planos menos elevados.

OS PLANOS ESPIRITUAIS.
A MATÉRIA-PRIMA.
OCUPAÇÃO E MARAVILHAS DO MUNDO DOS ESPÍRITOS

OS PLANOS ESPIRITUAIS são superpostos. A partir da Terra, existem as chamadas esferas que são regiões destinadas aos vários graus ou ordens de espíritos. Essas esferas ou planos espirituais são mundos que se elevam e se sobrepõem infinitamente. Quanto mais elevado o plano ou mundo, mais distanciado estará da crosta terrestre. As colônias espirituais ou comunidades do Além, núcleos organizados, estruturados e ativos, de que estamos tratando, encontram-se nas imediações de nosso planeta. Não se tratam, portanto, de agrupamentos de espíritos propriamente vitoriosos ou de entidades que já atingiram a condição de espíritos puros. Poderiam ser estes espíritos colocados no meio da escala ou em uma ordem intermediária: o desejo do bem é o que neles predomina. Ainda estão presos ao ciclo retificador da reencarnação. Estes planos são destinados aos seres errantes, graduados de acordo com a natureza dos espíritos que a eles têm acesso para gozo de maior ou menor bem-estar, para refazimento, para trabalho, estudo ou esclarecimento.

A matéria é definida pelo homem como sendo o que tem extensão, o que é capaz de impressionar os sentidos, o que é impenetrável ou maleável. Mas a matéria existe em estados ignorados pelo homem. Pode ser tão etérea e sutil que nenhuma impressão cause aos sentidos humanos. Contudo, é sempre matéria.

Eis a definição de matéria dada pelos espíritos: "Matéria é o laço que prende o espírito; é o instrumento de que este se serve e sobre o qual, ao mesmo tempo, exerce sua ação". Assim, pode-se dizer que a matéria é o agente, o intermediário com o auxílio do qual, e sobre o qual, o espírito atua. A matéria é formada de um só elemento primitivo. As propriedades dos diferentes corpos são apenas variações deste elemento único: o fluido cósmico ou fluido universal.

Nosso planeta nada mais é que produto do fluido universal; o corpo humano é energia condensada.

ASSIM CONSTROEM OS ESPÍRITOS

E com esta matéria-prima – fluido cósmico – constroem os espíritos suas cidades, seu meio de transporte (aeróbus), móveis, instrumentos, vestimentas, alimentos, aparelhos, e tudo o mais.

Léon Denis em *No Invisível,* diz: "Os espíritos operam na formação das vestes, costumes e adornos, agindo sobre os fluidos e emprestando-lhes formas e propriedades adequadas ao fim que tenham em vista".

Conhecendo qual a fonte da matéria-prima de que se servem os espíritos, resta-nos saber como constroem, como fabricam, qual é, enfim, sua mão de obra.

No mundo espiritual tudo o que é elaborado, feito, construído, é realizado com o pensamento, com a força mental, com o poder criador da mente. É isso mesmo: a ferramenta, a mão de obra dos espíritos é, nada mais nada menos, que sua mente, seu pensamento criador!

Antônio F. Rodrigues em seu excelente livro *Como vivem os espíritos*, explica a propósito: "Quando os espíritos construtores (técnicos especializados) constroem um edifício, manipulando os fluidos do próprio local, através do poder mental, podem recorrer a escultores para elaborarem as peças mais delicadas, que ornamentarão o interior desse edifício. Assim como temos aqui na Terra os pedreiros, eletricistas, pintores e os das obras hidráulicas, é óbvio que no plano espiritual também existam os especialistas nas diversas modalidades, embora alguns possam construir uma obra completa, sem depender de auxiliares".

E DE QUE SE OCUPAM OS ESPÍRITOS?

Os espíritos trabalham nas mais variadas atividades. O trabalho no plano espiritual é a suprema dádiva. E só recebem autorização para trabalhar os espíritos que fazem por merecer este prêmio. André Luiz só pôde ter sua ocupação em *Nosso Lar* após algum tempo de estágio e de autoaperfeiçoamento. E mesmo assim não começou trabalhando como médico que era sua profissão terrena.

É evidente que nas comunidades espirituais há os que não trabalham porque a isso não se dispõem, por preguiça e indolência. Para estes há acampamentos apropriados e recebem dos depósitos coletivos apenas o que lhes é indispensável para sua manutenção. Os que trabalham, evidentemente, podem adquirir com seus bônus-hora mais de uma vestimenta, têm sua casa própria (mas nunca mais que uma) com jardim e pomar, têm um aparelho semelhante a nossa televisão, sua biblioteca particular, piano, e outras comodidades.

Os espíritos estudam e muito, e para tal têm à sua disposição fontes de consulta, orientadores e cursos especializados.

ELES TRABALHAM E DIVERTEM-SE

Assim como trabalham, têm os espíritos direito a lazer e recreação, contando para isso com recantos próprios, os mais belos e aprazíveis.

Dedicam-se às artes e lá existem instrumentos musicais desconhecidos na Terra, capazes de reproduzir a esplendorosa harmonia universal. As telas e as pinturas retratam cenas e personagens com tamanha perfeição que parecem ter vida própria.

Os frutos são tão delicados que desmancham na boca e têm sabor requintado.

As águas de nascentes e rios são cristalinas, de agradável temperatura e têm poder revigorante por serem magnetizadas.

Enfim, as palavras são muito pobres e os recursos descritivos muito limitados quando se procura descrever as maravilhas da vida em uma Colônia Espiritual.

UM DEPOIMENTO JOVEM NO PLANO ESPIRITUAL

*"Agora é que venho despertando
para a compreensão da vida".*

Simone

O FENÔMENO DA **morte física não transforma as pessoas.** Não é pelo simples fato de haver desencarnado que o espírito adquire de imediato conhecimento e virtudes que antes não possuía.

Embora existindo uma indispensável evolução do conhecimento da realidade existencial, uma conscientização maior da vida, até mesmo a condição física pode continuar a mesma. Ou seja, as crianças podem continuar como crianças, os jovens como jovens, os velhos como idosos. Isto considerando-se um período determinado de erraticidade, isto é, entre uma e outra encarnação, no intervalo entre uma e outra existência material.

Entretanto, as pessoas passam por um processo de desenvolvimento físico se desencarnaram jovens, e vão atingindo um maior nível de maturidade intelectual e mental. Já os idosos podem sofrer um processo de rejuvenescimento, se assim o desejarem. Contudo, todos para serem reconhecidos por parentes e amigos, quando a eles lhes é permitido aparecer seja em sonho ou pela faculdade da vidência, fazem-no com a aparência que tinham na última vida terrena.

É bom que se diga que o corpo perispiritual pode ser modificado de acordo com a vontade do espírito, isto porém dependendo de suas condições evolutivas. Sendo o perispírito um corpo fluídico, pode ser moldado, modificado, adaptado, segundo a vontade do espírito devidamente evoluído e conforme as condições mais ou menos densas do ambiente onde se encontrar.

Assim, a aparência do espírito nestas condições, depende de sua opção ou do meio em que estiver ou, ainda, das circunstâncias do momento, das necessidades.

Alguns espíritos preferem manter sua aparência de uma encarnação ou fase mais venturosa, mais significativa, mais gratificante.

A maioria, contudo, assume uma aparência de idade mediana, sem as características da imaturidade juvenil nem da velhice que lembre senilidade.

Assim, alguns jovens podem continuar pensando como jovens e mantendo ainda um certo preconceito com relação às ideias dos adultos.

Magnífico exemplo desta possibilidade fomos encontrar em uma mensagem da jovem Simone Couceiro Horcel, psicografada por Chico Xavier e dirigida a seus pais. Nesta correspondência, a moça santista fala não só da prevenção para com o pensamento dos mais velhos, como relata ainda alguma coisa do modo de vida numa Colônia Espiritual, de seu período de adaptação. Fala também da utilização da força mental e de um ensaio de levitação. Inclusive, descreve uma excursão de que participou juntamente com outros jovens de sua idade.

> Mãezinha Haylet, quero dar-lhe a notícia de que estou mais modificada. Você e meu pai ficarão muito satisfeitos. Imagine que o Luís Roberto

Sachs Júnior (o Junão) veio ver-nos e convidou-me para uma excursão; e minha avó, com muita surpresa para mim, consentiu que eu partilhasse do passeio que seria realizado numa visita à montanha mais próxima do edifício que ocupamos.

Saí encantada e muito tranquila. Sempre via o Junão com algum receio que eu não sabia entender, talvez porque se mostrasse muito meu amigo, mas desta vez pude vê-lo qual se ele fosse um de meus irmãos.

Meu espírito estava muito tranquilo e incorporei-me a uma caravana de meninas e rapazes de minha idade.

Mãezinha Haylet, eu desejaria colher muitas das flores que vi no caminho para enviar-lhe, mas não tinha mensageiros. O Junão me explicou que estamos num lugar abençoado por Deus, mas sem correio regular.

Ele ia conversando e me esclarecia sobre muitos pontos, nos quais me sentia irritada. Explicou-me que minha avó e meu tio não me permitiam sair antes porque minha cabeça fora cirurgiada e que eu deveria fazer o possível para não cair, danificando os tratamentos que recebi.

Engraçado: Se a informação viesse de minha avó ou de meu tio, eu não aceitaria porque me acostumei a ver muitos adultos criando teorias para justificar seus pontos de vista, contra os meus. Junão, porém, me clareou o pensamento, acentuando que as minhas melhoras chegavam do respeito que meu tio me impunha a receber assistência dos médicos, que até hoje me examinam para confirmação de exames diversos.

Na montanha tivemos um exercício parecido com o esqui que eu conhecia pela televisão. Junão, primeiramente, nos deu uma aula sobre o pensamento, e afirmava que se nós, os ouvintes, resolvêssemos descer até o sopé da colina, que não é pequena, com a mente concentrada na certeza que poderíamos patinar sobre o solo, vencendo a gravitação, qual se estivéssemos voando baixo, isto seria possível tanto na descida quanto na subida de volta.

Acostumada a permanecer no apartamento com minha avó, eu adquirira o hábito instintivo de pensar, criando muitos movimentos na imaginação, e para mim não foi nada difícil descer o monte e tornar a escalá-lo de regresso, com meus pés acima do nível do solo.

Nem todos ganharam na prova, porque diversos companheiros não adquiriram ainda o costume de mentalizar situações, de pensamento centralizado naquilo que se deseja, e fiquei contente com a realização.

Mãezinha Haylet, dê, por favor, a meu pai e a meus irmãos as flores que seu carinho guardava para mim no dia de meu aniversário.

Penso que estou melhorando, porque depois dos diálogos do Junão, quando sinto ímpetos de me irritar procuro o silêncio e peço a Deus que me faça compreensiva e simpática para com os outros.

Os nossos exercícios foram muito bons para mim e espero que tenha o auxílio do Junão para ir adquirindo uma compreensão mais amadurecida.

O PORQUÊ DAS
COLÔNIAS ESPIRITUAIS

ATENDENDO ÀS CIRCUNSTÂNCIAS do processo encarnação/desencarnação, nascem no plano material e desvencilham-se da indumentária carnal, milhões de seres humanos no estado mental respectivo. E, de acordo com a própria bagagem espiritual, é a devida estância para onde cada qual é destinado.

Tanto faz ingressar na vida física como libertar-se do corpo denso retornando à dimensão etérea, cada ser é aquilo que é, resultado da contabilidade acumulada, ou saldo após o balanço de lucros e perdas. Ninguém se torna melhor, mais evoluído, apenas pelo fato de ingressar em um ou outro plano. A criatura carrega em si mesmo sua personalidade que é um produto de seus sentimentos, de seus pensamentos e de seu comportamento.

Somadas, respectivamente as duas colunas – a do bem e a do mal – subtrai-se a menor da maior e o resto desta operação é o patrimônio individual. Para alguns o saldo resulta positivo, para outros o saldo é desfavorável e vão ter que atuar no vermelho. E conforme a categoria em que se colocar, é seu destino na viagem de volta. A passagem, esta é comprada com as próprias posses; o destino é determinado de acordo com a bagagem espiritual disponível.

A ninguém é imposto o caminho a seguir; cada consciência, encarnada ou desencarnada, dispõe de seu livre-arbítrio, de sua liberdade de escolha, para construir com seus próprios recursos seu destino.

Levam os seres humanos em sua passagem para a vida espiritual seus nobres ideais, seus valorosos sentimentos e seus pensamentos elevados; igualmente, carregam em seus pertences os resultados infelizes de suas paixões, de seus atos tresloucados, de seus sentimentos impuros.

No plano espiritual são levados a meditar seus prós e contras no embate com a própria consciência, e, por sua livre escolha ou compulsoriamente dependendo de seu estado, cada qual recebe seu rol de provas e testes e/ou de expiações, a fim de resgatar dívidas, retificar desacertos, tropeçando embora, caindo muitas vezes, mas caminhando para a frente – lenta ou mais rapidamente – conforme sejam as condições das próprias pernas.

Renascendo na Terra, a personalidade espiritual permanece internada no vaso material; desencarnando, a mesma individualidade despe as vestes carnais, mas conserva seu modo de ser, melhorando quase sempre após ter galgado ainda que um único degrau em sua escala evolutiva.

No círculo familiar/social terrestre, a pessoa assume o papel que lhe compete desempenhar, reaprendendo lições, resgatando dívidas, ou prosseguindo em suas tarefas de amor e cooperação, em uma atuação que é de sua livre escolha.

Todo espírito é livre para melhorar-se, contribuindo para a melhoria de seu círculo de vivência, ou para complicar-se, conturbando o campo de experiências a que esteja vinculado.

O certo é que a morte não opera milagres. A criatura, quer esteja no âmbito carnal ou na dimensão espiritual, prossegue no seu trabalho de autoaperfeiçoamento ou fica estacionário, enquanto, não se conscientize da obrigação de renovar-se e evoluir.

Nas colônias-cidades, nas colônias-parques ou nos postos de socorro que gravitam nas imediações do planeta – domicílio transitório das inteligências desencarnadas – é natural, portanto, que a luta do bem para superar o desequilíbrio da mente, prossiga com as mesmas características que lhe conhecemos aqui na arena terrestre.

Há multidões de espíritos desencarnados, analfabetos de orientação moral lógica, racional e realista; vítimas de paixões por eles próprios acalentadas, enganados e iludidos pelas falazes promessas de religiosos que mostram um Reino dos Céus como cômoda e certa conquista de seus privilegiados seguidores; desvairados pelos sentimentos possessivos, portadores de enfermidades e conflitos mentais que eles mesmos atraem e alimentam; espíritos imaturos e ignorantes, de todas as procedências e de todos os matizes.

Indispensável, portanto, a existência destes núcleos de afinidades, templos da fé, escolas de predicação, de orientação e de refazimento, presença da prece e do reconforto, mentores para o diálogo e para a instrução, hospitais para assistência, socorro e tratamentos de segregação, uma estrutura toda, enfim, para amparo, consolação e encaminhamento destas levas de espíritos que, de outra forma, estariam desvalidos e órfãos. E tudo isto funciona nas comunidades do Além, com extremada compreensão de quantos se dedicam a estas tarefas salvadoras.

Nos planos imediatos à experiência física, os felizes estão sempre dispostos ao trabalho dos menos ditosos, os mais fortes em benefício dos mais fracos, os bons em socorro dos desequilibrados, e os mais sábios no apoio dos desorientados e dos ignorantes.

Nas comunidades espirituais, a formação dos núcleos se faz por afinidades, cada grupo é atraído para a classe ou série ou ambiente com que se identifique.

Nas colônias do Além, o desejo de ser útil, a consciência pela ascensão do espírito aos planos superiores, o trabalho pelo próximo, é a tônica de todos os que já despertaram para o respeito e o amor ao Pai celestial.

E a certeza de que é ajudando que se é ajudado, trabalhando pelos outros é que se conquista o próprio aperfeiçoamento íntimo, é o que anima e impulsiona a todos os que anseiam pela própria evolução.

E justamente a necessidade de amparo dos necessitados e a necessidade de prestar assistência dos conscientizados, é que determina a existência destes núcleos, colônias ou comunidades no plano espiritual.

A VIDA NUMA COLÔNIA ESPIRITUAL

EXPLICAÇÃO NECESSÁRIA

ANDRÉ LUIZ EM **várias de sua obras, mas principalmente em *Nosso Lar*, narra com impressionante riqueza de detalhes, a vida em uma Colônia Espiritual.**

É o depoimento valioso de alguém que faz revelações do mundo espiritual com o penhor da experiência própria.

Com isso, vai cumprindo sua redentora missão de descerrar o véu que envolve uma realidade que só aos poucos nos vai sendo desvendada.

Este trabalho não é um resumo de *Nosso Lar*; tampouco contém o enredo do romance.

É um apanhado dos aspectos descritivos da existência em uma cidade de um plano que não o físico, da vida de uma comunidade em uma outra dimensão. Descrição de detalhes que, certamente, passam despercebidos ao felizardo leitor desta obra-prima da literatura espiritualista que é *Nosso Lar*, embevecido pelo absorvente assunto do livro.

Procuramos não acrescentar nenhuma observação de caráter pessoal, nenhuma suposição de nossa parte. Apenas escolhemos os diferentes temas referentes à existência de uma comunidade e fomos recolhendo citações ao longo da obra, relacionadas a cada um dos tópicos previamente determinados.

Naturalmente, foram feitas as necessárias adaptações entre uma e outra passagem, alinhavando entre si os diversos trechos reunidos dentro de cada tema, com vistas à sequência e ao sentido do assunto.

Convidamos o prezado leitor para que embarque conosco no aeróbus a fim de se deslumbrar com panoramas maravilhosos, pomares e jardins lindíssimos, banhar-se na suavidade crepuscular e integrar-se à intensa atividade desta colônia de trabalho.

E, diante de cada magnífico detalhe, ao deparar com obras tão parecidas com o que há aqui na Terra, pode-se imaginar que as criações do lado de lá nada mais sejam que cópias melhoradas do que temos de mais perfeito no plano físico. Completo engano, porém. O que acontece é justamente o contrário: toda arte elevada é sublime na Terra porque traduz visões gloriosas do homem na luz dos planos superiores. E isto através de visitas em momentos de excelsa inspiração que, humanamente, os artistas, os gênios, os iluminados, enfim, podem classificar de maravilhoso sonho.

Agora um comentário de Emmanuel a propósito destas revelações:

> Certamente que numerosos amigos sorrirão ao contato de determinadas passagens narrativas. O inabitual, entretanto, causa surpresa em todos os tempos. Quem não sorriria na Terra, anos atrás, quando se lhe falasse da aviação, da eletricidade, da radiofonia?

E da televisão, do telex, do raio laser, do computador? – acrescentamos nós...

A VIDA NUMA
COLÔNIA ESPIRITUAL

01. CARACTERÍSTICAS DAS
COLÔNIAS ESPIRITUAIS

As numerosas colônias espirituais não apresentam os mesmos processos nem as mesmas características. Há enorme multiplicidade de condições nestes planos.

As criaturas aí se identificam pelas fontes comuns de origem e pela grandeza dos fins a que se destinam. Mas importa considerar que cada colônia, assim como cada individualidade, permanece em degraus diferentes na grande ascensão para o Alto. Cada organização apresenta particularidades essenciais.

Nosso Lar é uma colônia-cidade, núcleo de serviço e de refazimento, habitada por homens e mulheres, jovens e adultos.

Outras colônias espirituais, porém, existem, às centenas, em torno da Terra, obedecendo às leis naturais que lhe regem os movimentos de rotação e translação.

Assim, se nas esferas materiais cada região e cada estabelecimento revelam traços peculiares, imagine-se a multiplicidade de condições dos planos espirituais.

Alvorada Nova é uma das colônias espirituais mais importantes e das mais adiantadas nas circunvizinhanças da crosta terrestre.

A colônia *Campo de Paz*, embora distante da Terra, fica em meio à esfera das vibrações mais fortes da mente humana. É imensa aí a influenciação mental da Humanidade encarnada, fenômeno obscuro este que ainda mais se acentua nas imediações do planeta. Grandes lutas desenrolam-se nestes planos e milhares de obreiros abnegados aí se voltam à missão de amparar, ensinar e consolar os que sofrem. Pois em parte alguma falta a sustentação divina.

Existem nesta região muitos Postos de Socorro que são verdadeiros oásis de segurança e tranquilidade em tão tormentoso ambiente. Destinam-se ao repouso dos servidores em trânsito nas tarefas assistenciais e, principalmente, para atender ao grande número de necessitados que a estes postos recorrem em busca do indispensável auxílio.

02. NOSSO LAR

A colônia fica nas esferas espirituais próximas à Terra. Mais precisamente na terceira esfera, num ponto situado sobre a cidade do Rio de Janeiro, numa altura imprecisa dentro da ionosfera.

O Sol que a ilumina é o mesmo que vivifica o corpo físico.

A percepção visual, no entanto, lá é muito mais rica, captando muito mais beleza.

Nosso Lar é uma colônia de trabalho, consagrada ao Cristo.

Não é estância de espíritos propriamente vitoriosos, conferindo-se ao termo sua razoável acepção. Seus habitantes são felizes porque têm o trabalho; e a alegria, assim, reside em cada recanto da colônia, porque o Senhor não lhes tirou o pão abençoado do serviço.

Nosso Lar foi a primeira sociedade urbana do plano espiritual descrita pormenorizadamente. Quando Francisco Cândido Xavier estava sendo preparado para intermediar o relato de André Luiz, foi levado certa noite, em desprendimento mediúnico, até a comunidade para que, pessoalmente, pudesse tomar conhecimento não só da existência desta colônia como de detalhes da cidade retratados no livro do mesmo nome.

A reação de todos os que tomaram conhecimento da realidade da vida organizada no plano hiperfísico foi, naturalmente, de espanto. E isto porque todos fomos condicionados à existência após a morte física de uma região beatífica, contemplativa e estática, da mais sublime inoperância, paraíso mais apropriado aos que sonhavam com um Éden de desocupados, sem trabalho e sem obrigações – o Céu; e um recanto dos mais terríveis suplícios – o Inferno – para onde seriam eternamente remetidos todos os que não houvessem atingido a angelitude na efêmera vida terrena!

De todo modo, aos que não aceitavam estas esfarrapadas explicações, restavam alguns questionamentos irrespondíveis; se a condição para se alcançar o Céu era ter sido santo aqui na Terra, e dada a inegável imperfeição da quase totalidade dos homens, não haveria uma desproporcional distribuição de almas nas respectivas regiões? Ou seja, sobrando demasiado espaço no Céu e existindo uma superpopulação no Inferno? E se Deus é Pai misericordioso e todos somos Seus filhos, como pôde Ele criar seres tão imperfeitos para depois condená-los às penas eternas do Inferno?! E como é que a mãe, por exemplo, poderia sentir-se venturosa lá no Céu, sabendo que seus filhos bem-amados estavam por todo o sempre condenados aos tormentos do Inferno?!

Então a partir da edição do livro *Nosso Lar*, um amplo, lógico e confortador horizonte se descortinou aos olhos do ser humano terreno: há, de fato, organizações e situações que nos aguardam após a morte física num estímulo a um melhor aproveitamento da vida material para se poder conviver depois em comunidades iguais a esta colônia *Nosso Lar*, ou até mesmo melhores!

03. UMA CIDADE PROGRAMADA

A comunidade *Nosso Lar* foi fundada por portugueses desencarnados no Brasil no século XVI.

No livro *Cidade do Além* estão reproduzidos desenhos e plantas do Plano Piloto da colônia *Nosso Lar* feitos por Heigorina Cunha, médium que fixou aspectos, paisagens e a estrutura da cidade a partir de seus desprendimentos espirituais, quando pôde visitar, conhecer e mais tarde representar detalhadamente a comunidade. Conforme este mesmo documentário, a cidade *Nosso Lar* tem a forma de uma estrela de seis pontas com um círculo ao centro, onde se localiza o palácio da Governadoria. Daí partem as coordenadas que dividem a cidade em seis módulos distintos, sendo que cada uma destas partes refere-se a um setor especializado da administração pública com organização, atividades e orientação afetas aos respectivos Ministérios. Neste núcleo central da estrela, portanto, localiza-se o centro administrativo da colônia espiritual.

Ainda no círculo interno em torno do edifício da Governadoria que é constituído de uma torre maior ao centro e rodeado por seis outras torres menores correspondentes aos Ministérios, fica uma grande praça com muitos bancos, fontes luminosas multicoloridas rodeadas por canteiros floridos, piso semelhante ao alabastro, local este tão amplo que está capacitado a acomodar cerca de um milhão de pessoas. Além da praça ficam os núcleos residenciais destinados aos trabalhadores de cada Ministério; estas casas pertencem à comunidade e se o trabalhador for transferido de um para outro Ministério, deverá também mudar-se para uma outra residência junto ao seu local de trabalho. Rodeando toda a colônia, na planta está representada a muralha protetora que circunda a cidade. Nos espaços intermediários entre um e outro núcleo habitacional, seja em direção à muralha, seja em direção ao setor residencial correspondente ao Ministério vizinho, estão os grandes parques arborizados com outras construções destinadas ao lazer ou ao trabalho dos habitantes. Cada núcleo residencial é cortado, ao centro, por ampla avenida arborizada que se inicia junto à muralha e vai até a praça principal.

Entre os núcleos em forma de triângulo e a muralha, ficam os setores habitacionais destinados aos espíritos que, por seus méritos, podem adquirir sua casa mediante pagamento em bônus-hora, unidade monetária padrão. Em cada setor, igualmente, ficam os pavilhões destinados às finalidades de cada Ministério, sejam hospitais, centros de educação e de esclarecimento, templos de iniciação, arquivos, e assim por diante. Por exemplo: no setor do Ministério da Regeneração encontra-se o Pavilhão de Restringimento onde os espíritos são preparados para a reencarnação, sofrendo a redução do perispírito ou corpo espiritual para o tamanho adequado ao processo.

A cidade é rodeada pela alta muralha, coberta de trepadeiras floridas. Tateando-se em um ponto da parede, faz-se longa abertura, através da qual se pode penetrar. Branda claridade ilumina ali todas as coisas.

Ao longe, gracioso foco de luz dá a ideia de um pôr do sol em tardes primaveris. À medida que se avança pode-se identificar preciosas construções situadas em amplos jardins.

A cidade é linda. Uma espécie de vale de edifícios como que talhados em jade, cristal e lápis-lazúli. Arquitetura original em meio a praças encantadoras recamadas de jardins.

04. A DIVISÃO DO ESPAÇO

Uma outra ilustração do livro *Cidade no Além* apresenta o campo magnético da Terra dividido em sete esferas. E cada uma destas divisões compreende outras que se interpenetram.

A primeira esfera, mais próxima da crosta terrestre, corresponde ao umbral "grosso", mais materializado e de regiões purgatoriais mais dolorosas.

Na segunda esfera fica o umbral mais ameno, onde os espíritos do bem localizam, com mais amplitude, seus centros de assistência.

A terceira esfera, por ser setor de transição, ainda faz parte do umbral, abrigando espíritos ainda necessitados de reencarnação. E é justamente nesta faixa vibratória que se localiza a colônia espiritual *Nosso Lar*, já na ionosfera.

As esferas espirituais que se distinguem por sua identidade de vibração, quanto mais se afastam do núcleo mais se amenizam e purificam.

Por informações de André Luiz em seus livros quando descreve as segunda e terceira esferas, aí existe chão firme e terra fértil que se cobre de vegetação. Logo, para os habitantes destes planos, nós viveríamos no interior do globo terrestre.

A Terra por ser um grande magneto projetado no espaço, mantém um campo magnético ativo e diferenciado que abrange estas esferas espirituais. E da crosta terrestre até os limites deste campo magnético de nosso planeta, continentes e mares se projetam e onde estiver situado o espírito de acordo com sua condição vibratória, seja em que região for deste vasto espaço, terá sob seus pés chão firme e céu aberto sobre sua cabeça, uma vez que seus sentidos limitados não lhe permitem perceber outros planos, sejam superiores ou inferiores com relação ao ponto em que estiver localizado! E nessa posição terá o espírito a mesma geografia planetária que a nós corresponde, e o mesmo horário, pois estará dentro do fuso horário correspondente!

E os espíritos podem transitar pelos planos que lhe são inferiores apenas, não podendo, sozinhos, passar para esferas que estão acima de seu próprio plano!

05. A NATUREZA, O PANORAMA

Os horizontes são vastos, e impressionantes os aspectos da Natureza. Quase tudo, reprodução melhorada da Terra. Cores mais harmônicas, substâncias mais delicadas. O solo forra-se de vegetação. Grandes árvores, pomares fartos e jardins deliciosos. Montes coroados de luz desenham-se em continuidade à planície onde repousa a colônia.

Todos os departamentos parecem cultivados com esmero. À pequena distância da orla ajardinada, elevam-se graciosos edifícios.

A espaços regulares, alinham-se as construções exibindo formas diversas.

Nenhum edifício sem flores à entrada, destacando-se algumas casinhas encantadoras, cercadas por muros de hera, onde rosas diferentes desabrocham aqui e ali, adornando o verde de cambiantes variados.

Aves de plumagem policromas cruzam os ares e, de quando em quando, pousam agrupadas nas torres muito alvas, a se erguerem retilíneas, lembrando lírios gigantescos, rumo ao céu.

06. O PARQUE HOSPITALAR; ATENDIMENTO MÉDICO

André Luiz, após oito longos e terríveis anos passados nas zonas inferiores do umbral, por intercessão de sua mãe, é levado para as dependências de *Nosso Lar*.

Foi transportado em alvo lençol, à guisa de maca, por dois companheiros, sob o comando do mentor Clarêncio.

Atravessada a entrada das muralhas, logo surgiu a porta acolhedora de alvo edifício, à feição de grande hospital terreno.

Dois jovens enfermeiros, envergando túnicas de nível linho, conduziram o enfermo ao interior a fim de depositá-lo num dos pavilhões. Conduzido a confortável aposento de amplas proporções, ricamente mobiliado, ofereceram-lhe leito acolhedor.

Logo após sua chegada ao hospital, serviram-lhe um caldo reconfortante, seguido de água muito fresca, que lhe pareceu portadora de fluidos divinos. Aquela porção de líquido reanimou-o inesperadamente. Não saberia ele dizer que espécie de sopa era aquela: se alimentação sedativa, se remédio salutar. Novas energias ampararam-lhe a alma, profundas vibrações tocaram seu espírito.

Um visitador dos serviços de saúde, por nome Lísias, foi designado para servir André Luiz, enquanto este precisasse de tratamento. Nessa qualidade, o visitador não só coopera na enfermagem, como também atende às necessidades de socorro, ou providências que se refiram a enfermos recém-chegados. Nas mesmas condições, há numerosos servidores em *Nosso Lar*.

Para se ter uma ideia da amplitude dos trabalhos na colônia, apenas ali naquela seção do hospital, existiam mais de mil doentes espirituais, sendo que o estabelecimento era um dos menores edifícios do parque hospitalar.

O visitador Lísias era responsável por oitenta enfermos a que prestava assistência diária, sendo que cinquenta e sete se encontravam nas mesmas precárias condições de André Luiz.

Mas existiam outros doentes em situações muito piores, como os mutilados. Assim é que, o homem imprevidente que gastou os olhos no mal, lá comparece de órbitas vazias. O malfeitor, interessado em utilizar o dom da locomoção fácil nos atos criminosos, experimenta a desolação da paralisia, quando não é recolhido, absolutamente sem pernas. Os obstinados em aberrações sexuais, costumam chegar em extremo estado de loucura.

Quando os enfermos recém-chegados das zonas inferiores do umbral se revelam aptos a receber cooperação fraterna demoram no Ministério do Auxílio, quando, porém, se mostram refratários, são encaminhados ao Ministério da Regeneração. Se revelam proveito, com o correr do tempo são admitidos aos trabalhos de Auxílio, Comunicação e Esclarecimento, a fim de se prepararem com eficiência para futuras tarefas planetárias.

07. ORGANIZAÇÃO ADMINISTRATIVA

A colônia *Nosso Lar* é presidida por um Governador Espiritual cercado de 72 colaboradores. São os Ministros.

A colônia que é essencialmente de trabalho e de realização, divide-se em seis Ministérios, orientados, cada qual, por doze Ministros.

Há os Ministérios da Regeneração, do Auxílio, da Comunicação, do Esclarecimento, da Elevação e da União Divina. Os quatro primeiros mantêm aproximação com as esferas terrestres, os dois últimos estabelecem ligação com o plano superior, visto ser a colônia ou cidade espiritual, zona de transição.

Os serviços mais grosseiros localizam-se no Ministério da Regeneração, os mais sublimes no da União Divina.

No local onde fica, por exemplo, o Ministério do Auxílio, veem-se edifícios residenciais, representando instituições e abrigos adequados à tarefa de sua jurisdição. Orientadores, operários e outros serviçais da missão, aí residem. Nesta zona, atendem-se a doentes, ouvem-se rogativas, selecionam-se preces, preparam-se reencarnações terrenas, organizam-se turmas de socorro aos habitantes do umbral, ou aos que choram na Terra, estudam-se soluções para todos os processos que se prendem ao sofrimento.

Os Ministérios de *Nosso Lar* são enormes células de trabalho ativo.

A Governadoria, por sua vez, é sede movimentada de todos os assuntos administrativos, numerosos serviços de controle direto, como, por exemplo, os de alimentação, distribuição de energia elétrica, trânsito, transporte, e outros.

Na colônia espiritual a lei do descanso é rigorosamente cumprida para que determinados servidores não fiquem mais sobrecarregados que outros; mas a lei do trabalho, também, é obedecida estritamente. No que concerne ao repouso, a única exceção é o próprio Governador, que nunca aproveita o que lhe toca nesse terreno.

O Governador somente se ausenta do palácio nas ocasiões em que o bem público o exige. A não ser em obediência a esse imperativo, o Governador vai semanalmente ao Ministério da Regeneração, que representa a zona de *Nosso Lar* onde há maior número de perturbações, dada a sintonia de muitos de seus abrigados com os irmãos do umbral.

08. ABASTECIMENTO: ÁGUA E ALIMENTAÇÃO

Os serviços de abastecimento são reduzidos a simples serviços de distribuição, sob o controle direto da Governadoria.

Os serviços de alimentação em *Nosso Lar* fundamentam-se em conhecimentos relativos à ciência da respiração e da absorção de princípios vitais da atmosfera e água misturada a elementos solares, elétricos e magnéticos.

Verduras, frutos, caldos e água, constituem a base da alimentação dos moradores da colônia.

Só existe maior suprimento de substâncias alimentícias que lembram a Terra, nos Ministérios da

Regeneração e do Auxílio, onde há grande número de necessitados e para onde são levados os recém--chegados à colônia. Nos demais, há somente o indispensável, isto é, todo o serviço de alimentação obedece a inexcedível sobriedade.

A água, quando mais intimamente conhecida, é veículo dos mais poderosos para os fluidos de qualquer natureza. Na colônia espiritual, a água é empregada, sobretudo, como alimento e remédio.

Aos Ministros da União Divina, que são os detentores do maior padrão de Espiritualidade em *Nosso Lar*, cabe a magnetização geral das águas do Rio Azul, responsável pelo abastecimento da colônia, a fim de que sirvam a todos os habitantes com a pureza imprescindível. Fazem eles o serviço inicial de limpeza e os institutos realizam trabalhos específicos, no suprimento de substâncias alimentares e curativas.

No Bosque das Águas, um edifício de enormes proporções abriga o reservatório da colônia. Todo o volume do Rio Azul é ali absorvido em caixas imensas de distribuição. As águas que servem a todas as atividades da colônia, partem dali. Em seguida aos reservatórios, as águas reúnem-se novamente, abaixo dos Serviços da Regeneração, e voltam a constituir o rio, que prossegue seu curso normal, rumo ao grande oceano de substâncias invisíveis para a Terra.

As refeições em *Nosso Lar* são mais agradáveis que na Terra, por serem mais reconfortantes, mais saborosas e portadoras de concentrados fluídicos deliciosos.

No Ministério do Auxílio não se prescinde dos concentrados fluídicos e dos sucos, pela natureza dos pesados serviços aí realizados e que acarretam grande dispêndio de energias.

Entretanto, o grande sustentáculo das criaturas é justamente o amor, nutrição espiritual por excelência. Todo sistema de alimentação, nas mais variadas esferas da vida, tem no amor sua base profunda.

09. O TRANSPORTE

O transporte na colônia é feito pelo aeróbus, grande carro sempre repleto de passageiros. Suspenso do solo a uma altura de cinco metros, mais ou menos, desce até o rés do chão à maneira de um elevador terrestre. É uma máquina constituída de material muito flexível, com enorme comprimento, parecendo ligada a fios invisíveis, em virtude do grande número de fios no teto.

O aeróbus desenvolve grande velocidade, é muito confortável e silencioso. No percurso, faz ligeiras paradas de três em três quilômetros.

Em *Nosso Lar* nem todos necessitam do aeróbus para se locomover, pois os habitantes mais elevados da colônia dispõem do poder de volitação; e nem todos precisam de aparelhos de comunicação para conversar à distância, por se manterem, entre si, num plano de perfeita sintonia de pensamentos. Os que se encontram afinados desse modo, podem dispor, à vontade, do processo de conversação mental. Mas a volitação é um processo de locomoção só utilizado longe da cidade, quando é preciso ganhar muita distância e tempo.

A organização responsável pelo setor de locomoção em *Nosso Lar*, é o Serviço de Trânsito e Transporte.

10. O ARQUIVO MENTAL

No Ministério do Esclarecimento fica a Seção do Arquivo, a cargo dos magnetizadores, onde todos temos anotações particulares.

Os técnicos encarregados propiciam aos que para lá são encaminhados, a leitura de suas próprias memórias, durante dois anos, sem prejuízo do trabalho de cada consulente, abrangendo o período de três séculos. O Chefe do Serviço de Recordação não permite a leitura de fases anteriores, a não ser em casos excepcionais, porque se torna dificílimo suportar as lembranças correspondentes a outras épocas.

A leitura apenas informa. Depois de longo período de meditação para esclarecimento próprio, os consulentes são submetidos a determinadas operações psíquicas, a fim de penetrar os domínios emocionais das recordações.

Os técnicos no assunto aplicam passes no cérebro, despertando, assim, energias adormecidas.

11. O TRABALHO

O trabalho é uma dádiva numa colônia espiritual. Só têm direito a ele os que fazem florir o coração e os próprios sentimentos para com o próximo. Enquanto isto não ocorre, permanecem nos Campos de Repouso.

E quanto mais elevada é a esfera, requer sempre mais trabalho e mais abnegação.

O verdadeiro amor, para transbordar em benefícios, precisa trabalhar sempre.

É preciso grande esforço para conquistar o direito de ajudar os outros. É preciso semear para se pensar em colheita, pois não é possível acender luz em candeia sem óleo e sem pavio.

Em *Nosso Lar*, nenhuma posição de destaque é concedida a título de favor.

Das oficinas onde trabalham os habitantes da colônia espiritual, emanam belas melodias que atravessam o ar. E isto porque a Governadoria reconheceu que a música intensifica o rendimento do serviço, em todos os setores de esforço construtivo.

Cada um dos que trabalham deve dar, no mínimo, oito horas diárias de serviço útil. Os programas de trabalho, porém, são numerosos e a Governadoria permite quatro horas de serviço extraordinário, aos que desejam colaborar no trabalho comum, de boa vontade. Desse modo, há muita gente que consegue 72 bônus-hora por semana, sem falar dos serviços sacrificiais, cuja remuneração é duplicada e, às vezes, triplicada.

O bônus-hora não é propriamente moeda, mas ficha de serviço individual, funcionando como valor aquisitivo.

Em *Nosso Lar* a produção de vestuário e alimentação elementares pertence a todos em comum. O celeiro fundamental é propriedade coletiva. Todos cooperam no engrandecimento do patrimônio e dele vivem.

Os que trabalham, porém, adquirem direitos justos. Cada habitante da colônia recebe uma provisão de pão e roupa, no que se refere ao estritamente necessário; mas os que se esforçam na obtenção do bônus-hora conseguem certas prerrogativas na comunidade social.

O espírito que ainda não trabalha pode ali ser abrigado; no entanto, os que cooperam podem ter casa própria. O ocioso veste-se, sem dúvida, mas o operário dedicado vestirá o que melhor lhe pareça. Os inativos podem permanecer nos campos de repouso, ou nos parques de tratamento, entretanto, as almas operosas podem gozar a companhia dos irmãos queridos, nos lugares consagrados ao entretenimento, ou ao contato de orientadores sábios, nas diversas escolas dos Ministérios em geral.

Tal como se dá na Terra, a propriedade em *Nosso Lar* é relativa. As aquisições são feitas à base de horas de trabalho. O bônus-hora é o "dinheiro". Quaisquer utilidades são adquiridas com esses cupons, obtidos à custa de esforço e dedicação. As construções, em geral, representam patrimônio comum, sob controle da Governadoria. Cada família espiritual, porém, pode adquirir um lar (nunca mais que um), apresentando trinta mil bônus-hora.

As almas femininas em *Nosso Lar* não podem permanecer inativas. É preciso aprender a ser mãe, esposa, missionária, irmã. A tarefa da mulher no lar não pode circunscrever-se a umas tantas lágrimas de piedade ociosa e a muitos anos de servidão. Na colônia existem nobres serviços de extensão do lar, para as mulheres. A enfermagem, o ensino, a indústria do fio, a informação, os serviços de paciência, representam atividades assaz expressivas.

O homem deve aprender a carrear para o ambiente doméstico a riqueza de suas experiências, e a mulher precisa conduzir a doçura do lar para os labores ásperos do homem. Dentro de casa, a inspiração; fora dela, a atividade. Uma não vive sem a outra. Como sustentar-se o rio sem a fonte, e como espalhar-se a água da fonte sem o leito do rio?

12. O LAZER E O ENTRETENIMENTO

Uma das mais belas regiões de *Nosso Lar* é o Bosque das Águas. Trata-se de um dos locais prediletos para a excursão dos amantes que ali vão tecer as mais lindas promessas de amor e fidelidade, para as experiências na Terra.

É um panorama de belezas sublimes. O bosque, em floração maravilhosa, embalsama o vento fresco de inebriante perfume. Tudo é um prodígio de cores e luzes cariciosas. Entre margens bordadas de grama viçosa, toda esmaltada de azulíneas flores, desliza um rio de grandes proporções. A corrente rola tranquila, mas tão cristalina que parece tonalizada em matiz celeste, em vista dos reflexos do firmamento. Estradas largas cortam a verdura da paisagem.

Plantadas a espaços regulares, árvores frondosas oferecem sombra amiga à maneira de pousos deliciosos, na claridade do Sol confortador. Bancos de caprichosos formatos convidam ao descanso.

O Campo de Música é outro dos recantos onde os habitantes de *Nosso Lar* desfrutam de sublime entretenimento. Luzes de indescritível beleza banham extenso parque, onde se ostentam encantamentos de verdadeiros contos de fadas. Fontes luminosas traçam quadros surpreendentes: um espetáculo realmente deslumbrante!

Grande número de passeantes circula em torno de gracioso coreto, onde um corpo orquestral de reduzidas figuras executa música ligeira. Caminhos marginados de flores desenham-se em diferentes direções, dando acesso ao interior do parque. Nas extremidades do campo são executadas manifestações musicais que atendem ao gosto pessoal de cada grupo dos que ainda não podem entender a arte sublime; porém, no centro, há a música universal e divina, arte santificada por excelência.

Nas alamedas risonhas, cada flor parece possuir seu reinado particular.

O centro do campo fica repleto. A nata de *Nosso Lar* aí se apresenta em magnífica forma. Não é o luxo nem excesso de qualquer natureza, o que proporciona tanto brilho ao maravilhoso quadro. É a expressão natural de tudo, a simplicidade confundida com a beleza, a arte pura e a vida sem artifícios. O elemento feminino aparece na paisagem, revelando extremo apuro de gosto individual, sem desperdício de adornos e sem trair a simplicidade divina. Grandes árvores, diferentes das que se conhecem na Terra, guarnecem belos recintos, iluminados e acolhedores.

Não somente os pares afetuosos demoram nas estradas floridas. Grupos de senhoras e cavalheiros detêm-se em animada conversação, valiosa e construtiva. No olhar de todos, a mensagem silenciosa de simpatia. Discute-se o amor, a cultura intelectual, a pesquisa científica, a filosofia edificante, mas todos os comentários tendem à esfera elevada do auxílio mútuo, sem qualquer atrito de opinião.

13. ORGANIZAÇÃO DOMÉSTICA

Quando se tornou dispensável a permanência de André Luiz no parque hospitalar, foi convidado por seu enfermeiro a permanecer em sua casa, onde seria recebido como filho.

Tendo recebido uma caderneta que era o documento indispensável para que pudesse ele ingressar nos Ministérios durante um ano, o Ministro do Auxílio dispensou-o com a recomendação de que aproveitasse ao máximo o intervalo da experiência carnal para se instruir.

Em poucos minutos, os dois amigos estavam à porta de graciosa construção, cercada de colorido jardim. Ao tinido brando da campainha no interior, surgiu simpática matrona. Era a mãe do enfermeiro Lísias, que saudou a senhora com alegria, apresentando-lhe André Luiz como sendo o irmão que lhe prometera trazer.

Recebido com júbilo, André Luiz tentou agradecer as atenções para com ele, no que foi impedido para não repetir muitas frases convencionais da Terra. Assim, entraram. Ambiente simples e acolhedor. Móveis quase idênticos aos da Terra; objetos em geral, apresentando pequenas variantes. Quadros de sublime significação espiritual, um piano de notáveis proporções, descansando sobre ele uma grande harpa talhada em linhas nobres e delicadas.

A família de Lísias vivera em antiga cidade do Rio de Janeiro, sua mãe chamava-se Laura e tinha em casa mais duas filhas, Iolanda e Judite.

Respirava-se ali doce e reconfortante intimidade. Aquele primeiro contato com a organização doméstica da colônia, enlevou André Luiz. A hospitalidade cheia de ternura, arrancou-lhe ao espírito notas de profunda emoção.

Levado por Lísias para ver algumas dependências da casa, demorou-se na Sala de Banho, cujas instalações interessantes, maravilharam-no. Tudo simples, mas confortável.

Não voltara ele ainda de sua admiração, quando dona Laura convidou à oração. Sentaram-se silenciosos, em torno de grande mesa. Ligado um aparelho ao fundo, fez-se ouvir música suave. Era o louvor do momento crepuscular. Surgiu na tela, ao fundo, o quadro prodigioso da Governadoria.

Terminada a oração, a dona da casa chamou--os à mesa, servindo caldo reconfortante e frutas perfumadas que mais pareciam concentrados de fluidos deliciosos.

André Luiz, no seu desejo de conhecer maiores detalhes da vida na colônia espiritual, perguntou se a organização doméstica era ali idêntica à da Terra. Dona Laura explicou, então, que o lar terrestre é que se esforça, sem o conseguir ainda, por copiar o instituto doméstico de *Nosso Lar*.

Os cônjuges, no plano terreno, com raras exceções, não sabem lidar com os sentimentos, invadidos pelas ervas amargosas da vaidade pessoal, e povoados pelos monstros do ciúme e do egoísmo.

No plano espiritual, o lar é como se fora um ângulo reto nas linhas do plano de evolução divina. A reta vertical é o sentimento feminino, envolvido nas inspirações criadoras da vida. A reta horizontal é o sentimento masculino, em marcha de realizações no campo do progresso comum. O lar é o sagrado vértice onde o homem e a mulher se encontram para o entendimento indispensável. É templo onde as criaturas devem unir-se na forma espiritual, antes que corporalmente.

O homem encarnado saberá, mais tarde, que a conversação amiga, o gesto afetuoso, a bondade recíproca, a confiança mútua, a luz da compreensão, o interesse fraternal – patrimônios que derivam naturalmente do amor profundo – constituem sólidos alimentos para a vida em si. Verá que o sexo é manifestação sagrada desse amor universal e divino, mas é apenas uma manifestação isolada do potencial infinito.

No plano espiritual, os laços afetivos são mais belos e mais fortes. O amor aí, sim, é o pão divino das almas, o pábulo dos corações.

"THE ASTRAL CITY"
UM ACONTECIMENTO AUSPICIOSO, NOSSO LAR EM INGLÊS.

EM AGOSTO DE 1986, conforme nota veiculada pela *Folha Espírita*, SP, uma das obras-primas da literatura espírita – *Nosso Lar* – foi lançada em inglês nos Estados Unidos com o título de *The Astral City*.

Nosso Lar, de André Luiz, psicografia de Francisco Cândido Xavier, edição FEB, já alcançou só no Brasil a fantástica marca de mais de 500 mil exemplares em 30 sucessivas edições.

Os leitores norte-americanos que já tiveram a oportunidade de ler excelentes obras que tratam da sobrevivência da alma, como *Voltar do amanhã*, de George Ritchie, *Vida depois da vida* e *Reflexões sobre a vida depois da vida* do Dr. Raymond A. Moody e *Morte – Estágio final da evolução* de Elizabeth Kübler-Ross, encontrarão em *The Astral City* mais respostas às muitas indagações relativas à imortalidade.

Folha Espírita ressalta na referida notícia que o livro aparece nas livrarias norte-americanas no momento exato, dando curso ao programa elaborado pela Espiritualidade na difusão do cristianismo redivivo.

É este um acontecimento auspicioso sob todos os títulos, porquanto a versão para o inglês de *Nosso Lar* amplia consideravelmente os horizontes não só do livro espírita, como da própria doutrina.

Lauren Speeth Luczinski e Karen Younts são, respectivamente, a revisora da tradução e a autora da capa de *The Astral City*. Evelyn Morales, Guiomar Saraiva, Hermínio C. Miranda e Ely Donato, fizeram a tradução de *Nosso Lar* para o inglês.

Quando Chico Xavier recebeu os três exemplares da obra que lhe foram remetidos diretamente dos Estados Unidos, não resistindo à emoção natural e procedente, chorou muito. Disse, então, Chico: "Há quarenta anos esperava por este momento. Precisamos ver a mensagem espírita ganhar o mundo, conclamando o homem a pensar que a morte não existe..."

Assim se encerra a nota da *Folha Espírita* que almeja estar em *The Astral City* a chave que descerrará, em definitivo as portas do mundo para as obras mediúnicas de Chico Xavier: "Saudamos, pois *The Astral City*, agradecendo aos Céus por mais esta dádiva à Humanidade que, no crepúsculo do 2.º Milênio, revela-se tão carente do pão espiritual".

E agora, para júbilo da família espírita universal, o livro *Nosso Lar* vem de ser lançado para o público europeu.

Notre Demeure, título da obra em francês, foi editado pela *Imprimerie La Colombiére S/A.* e inicia sua carreira missionária entre os povos de língua francesa.

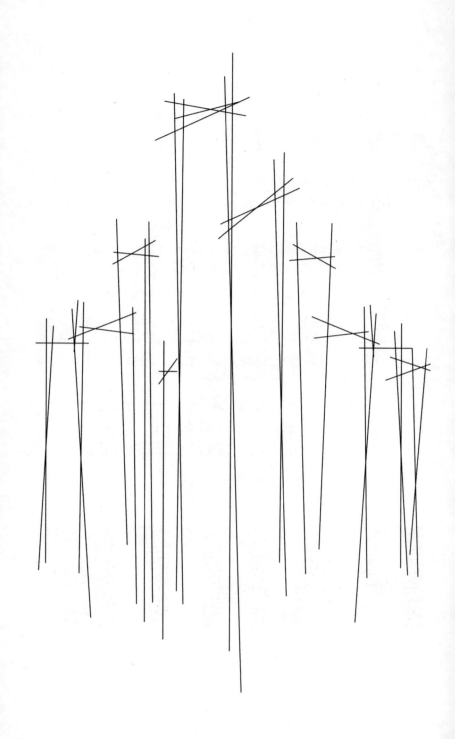

SEGUNDA PARTE

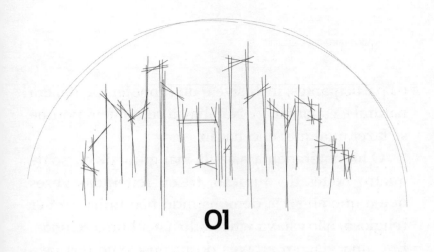

01

NUM CURSO DE REGRESSÃO HIPNÓTICA

I. CONSIDERAÇÕES PRELIMINARES

Foi por uma nota do jornal *A Tribuna* de Santos que tomamos conhecimento de um Curso de Hipnose e Regressão a Vidas Passadas, com demonstração de aparelhos indutores ao transe hipnótico.

De tudo o que nos foi dado observar, procuramos fazer um relato fiel. Tudo nos pareceu autêntico. Não houve a menor possibilidade de mistificação ou fraude. As pacientes eram voluntárias, escolhidas na plateia. O comportamento de todos os participantes, inclusive o do hipnoterapeuta, era natural e espontâneo. Não havia como nem porque se fazer qualquer encenação.

O hipnoterapeuta na aula inaugural do curso de quatro noites de duração, frisou reiteradas vezes que o que ali seria demonstrado não tinha caráter religioso, não estava vinculado a nenhuma religião. Era uma viagem através do inconsciente das pessoas com a revelação de tudo o que aí permanece ao longo das diferentes idades ou nas várias existências. Solicitava, pois, que os participantes não fizessem conotações com religião ou seitas porque hipnose nada tem de misticismo, de ocultismo, magia ou sobrenatural.

A pergunta feita sobre a possibilidade de ser a regressão pelo inconsciente a vidas passadas, a comprovação científica da reencarnação, já que ninguém iria recordar-se de acontecimentos ocorridos em outras existências se não houvesse tido outras vidas, assim se explicou o hipnoterapeuta: "Se lhes dissesse o contrário, se lhes falasse que a regressão a vidas passadas não fosse uma comprovação da reencarnação, estaria mentindo e não estaria sendo coerente comigo mesmo. Apenas não desejo que se confunda o que lhes será dado observar, com religião".

II. DEMONSTRAÇÃO PRÁTICA DE REGRESSÃO

Na segunda noite do curso, foi feita a regressão de memória de pessoas do auditório, até a idade de cinco anos. Foram doze as mulheres que, voluntariamente, submeteram-se ao transe hipnótico. Os voluntários colocavam-se de pé no meio do salão onde havia um grande tapete. Atrás de cada pessoa a ser hipnotizada colocava-se um homem, também do auditório para amparar a paciente assim que esta entrasse em transe e a estendesse de costas no tapete.

O hipnoterapeuta postou-se de pé sobre uma cadeira, de frente para os participantes. E, ao som da música *Tristesse*, num ambiente de silêncio, atenção e concentração, dirigiu-se às pessoas a serem hipnotizadas, solicitando-lhes que focalizassem seu olho esquerdo e que ouvissem bem sua voz, que relaxassem a fim de eliminar qualquer bloqueio mental, que confiassem plenamente em sua capacidade, e que atendessem sempre ao seu comando.

Dentro de um a dois minutos quase todas as mulheres estão em profundo transe hipnótico e estendidas no tapete. Umas duas ou três mulheres que não conseguem adormecer, são convidadas a retornar a seus lugares.

O hipnoterapeuta dá poucas explicações enquanto vai levando as pacientes a caminhar "no tempo e no espaço" e as vai inquirindo nas várias idades indicadas por ele. Assim, nossos comentários decorrem quase que exclusivamente das observações feitas de atos e palavras das próprias hipnotizadas.

Por hipnose, portanto, o paciente retorna à idade indicada pelo hipnotizador, de imediato, sem a necessidade de se passar por idades em sequência gradativa. Ou seja, o paciente retorna diretamente aos dez anos de idade, sem antes ter passado por idades maiores. E progride, da mesma forma, aleatoriamente, conforme a condução do hipnoterapeuta. E o paciente lembra-se dos fatos da idade indicada, procedendo como criança ou como adolescente, conforme o caso, falando e agindo de acordo com a idade em questão. Quando há o retorno a uma idade já focalizada, as reações e as lembranças voltam a se repetir, confirmando o comportamento anteriormente apresentado.

III. REGRESSÃO À VIDA INTRAUTERINA

Esta experiência foi feita na terceira noite.

O hipnoterapeuta solicita, após o período preparatório, que as pacientes regridam até a idade fetal de três meses, quando o feto já está completamente constituído. E tem o feto, então, plena capacidade de sentir, saber e tudo perceber ao seu redor, inclusive a percepção de pensamentos e sentimentos de parentes próximos, mesmo à distância.

A primeira reação das pacientes é a de ajeitar-se no tapete, tomando a posição fetal.

Esta extraordinária capacidade do feto de tudo saber e sentir até mesmo "ler" pensamentos, decorre da circunstância de poder contar com seu "inconsciente espiritual" plenamente liberado. Pode, assim, captar o consciente dos que lhe são afins e até mesmo dos que ingressam no círculo doméstico.

Daí os cuidados da família com respeito às próprias reações, principalmente por parte dos pais, quanto à expectativa da chegada da criança ainda no útero materno, pois tudo o que se diz ou se sente, positiva ou negativamente, é de suma importância para o estado de espírito do feto!

Quando os pais estão felizes com o nascimento que se aproxima, o feto sente-se, igualmente, feliz, confiante e ansioso por sua chegada ao novo lar. Se, pelo contrário, a criança não é aceita, por qualquer razão, esta rejeição afeta-a profundamente, incutindo-lhe ideias de infelicidade, insegurança, medo. Circunstância esta que lhe pode ocasionar algum trauma psíquico que se fará sentir por toda esta sua existência material.

Os pais (e principalmente a mãe) podem e devem se comunicar com o feto, já que ele não só entende o que lhe é dirigido, como pode responder aos estímulos amoráveis e carinhosos.

Num dos casos de regressão intrauterina, a paciente disse estar muito feliz, pois seus pais estavam contentes com sua chegada e que sua mãe conversava sempre com ela. Contou que sua mãe já sabia ser ela uma menina porque respondera ao sinal solicitado para indicar qual seu sexo. A mãe pedira que desse um "pontapezinho" na barriga caso fosse menino e dois, se fosse menina. A mãe, presente no auditório, confirmou esta circunstância.

Entretanto, outras pacientes estavam em prantos, com grande medo e insegurança quanto ao seu nascimento porque a família não desejava, por algum motivo, a sua chegada, sendo o ambiente, assim, francamente hostil ao novo "hóspede". Quando isto acontece, o pequenino ser reluta em nascer, o parto torna-se difícil e problemático.

Eis alguns dos depoimentos feitos pelas pacientes que, em posição fetal, respondiam às inquirições do hipnoterapeuta:

– Estou com medo, estou com muito medo. Meu pai ainda não sabe que mamãe está me esperando. Ela está sempre preocupada e já não sabe mais o que fazer para me esconder de papai".

Isto aos três meses.

– Estou chorando porque meus pais estão esperando um menino, mas eu sou menina! Eles não vão me aceitar. Já há muitas mulheres na família, então eles só se conformaram em receber mais uma criança desde que fosse menino! Que é que vai acontecer quando eu chegar?!

Nesse ponto, o hipnoterapeuta alertou para a situação de os pais desejarem apenas criança de um determinado sexo e constantemente ficarem manifestando esta vontade. O feto não sendo do sexo ansiosamente desejado pelos pais, fica infeliz e inseguro.

Estou chorando porque eles não me querem. Meus pais são muito pobres e já têm muitos filhos! Estou muito triste. Minha mãe vai abandonar meu pai porque ele a maltrata muito e porque os pais dele não queriam o casamento.

Eu tinha muito medo daquele bicho, mas tio Jaime me ajudou, não é mesmo tio? Ele disse que eu não precisava mais ter medo porque o perigo já tinha passado e aquilo não ia acontecer outra vez, não é mesmo, tio Jaime? Agora eu já não estou mais com medo.

O hipnoterapeuta Jaime esclareceu que já fizera anteriormente uma regressão hipnótica com esta mesma paciente que o procurara em seu consultório com sérios problemas comportamentais. Quando grávida de três meses, a mãe da paciente que então residia no campo, fora atacada por uma vaca, sendo o feto também atingido. Isto gerara um grande pavor no ser em formação permanecendo o trauma psíquico até a idade adulta. Então, localizado o ponto ou a época precisa da causa, fora feita a devida correção.

E o mesmo feto que, aos três meses, estava temeroso por seu pai não saber, então, de sua existência, aos quatro meses de gestação volta a se pronunciar

Meu pai descobriu que mamãe está grávida. Ele está batendo nela. Ele acha que não sou sua filha e está acusando minha mãe de ter um outro homem. Mas eu sou filha dele, sim!.

IV. REGRESSÃO A VIDAS PASSADAS

O hipnoterapeuta esclarece que nesta sessão apenas uma paciente será submetida à regressão, já que, em se tratando de retorno a uma vida passada, todo o tempo disponível deverá ser ocupado com um só caso. Toda sua atenção deveria estar inteiramente voltada para uma mesma paciente. E, em vista da grande soma de informações que seria fornecida pela paciente, o auditório precisaria estar concentrado nesta operação única.

Dentre as pessoas de mais sensibilidade já submetidas ao processo de regressão nas sessões anteriores, foi escolhida uma jovem de cor negra, com cerca de 18 anos, justamente aquela que no período intrauterino, dissera que seu progenitor a princípio não sabia de sua existência e que, posteriormente, acusara a mãe de infidelidade por não acreditar ser ele o verdadeiro pai.

O hipnoterapeuta avisou que daria as ordens à moça por via telepática, visto que outras pessoas da plateia já hipnotizadas nas sessões anteriores, poderiam entrar em transe apenas ouvindo sua voz de comando.

Pedindo à paciente que se concentrasse e olhasse fixamente para seu olho esquerdo, o hipnotizador passou à indução telepática. E não foram necessários mais que 30 segundos para que a paciente entrasse em transe tombando rigidamente para trás, sendo, então, amparada por uma pessoa ali postada para segurá-la pelos ombros e estendê-la suavemente de costas no tapete.

O hipnoterapeuta passou, como de hábito, a se comunicar com a paciente em voz calma e bem modulada, incutindo-lhe paz e tranquilidade. Recomendou-lhe que deveria sempre ouvir sua voz e atender suas determinações. Jamais deveria ela perder contato com sua voz e que deveria retornar ao presente tão logo recebesse determinação para isto. Quando nervosa, amedrontada ou agitada, bastaria que ele lhe colocasse a mão direita em sua testa para ela se acalmar. E que contaria, em ordem regressiva de 10 até 1 e que, terminada a contagem, deveria ela regredir até sua existência imediatamente anterior.

Daí para a frente o hipnoterapeuta foi conduzindo a paciente em transe "no tempo e no espaço", inquirindo-a sobre acontecimentos de sua vida de então.

Em que ano você está agora?

No ano de 1862.

Como você se chama? Quantos anos tem? Onde mora?

Eu me chamo Judite. Tenho 15 anos. Moro com minha família em um engenho. O engenho é de meu pai e fica nas Minas Gerais. Não há nenhuma cidade aqui por perto. É no sertão. O lugar é conhecido com o Engenho Santa Maria.

Prosseguindo, deu o nome completo de seus pais e de seu irmão mais novo. E, respondendo às perguntas do hipnoterapeuta, foi contando algo mais a seu respeito.

Nós temos muitos escravos na fazenda. Meu serviço é fiscalizar as negrinhas enquanto desfiam algodão. Há também grande plantação de cana-de-açúcar. Não gosto de negros, pois eles são sujos e preguiçosos. Quando me desobedecem, mando colocá-los no tronco para serem chicoteados. Não tenho pena deles, pois são simplesmente negros. Negro nasceu para trabalhar e para apanhar.

Perguntada se tinha amigas ou um namorado, Judite assim prosseguiu sua narrativa:

Namorado, eu não tenho. E amigas também não, pois aqui quase não tem ninguém de cor

> branca e de posses que possa ter amizade com a gente. E meu pai não quer que eu me case porque disse que vou ter de cuidar deles em sua velhice. Só tenho uma amiga, mas ela também é uma negrinha escrava. Mas é só com ela que eu converso, pois não falo com negros. Nela eu não bato muito, só lhe dou alguns beliscões ou uma chibatada quando ela não faz o que eu quero, porque tenho pena dela.

O hipnoterapeuta ordenou que Judite prosseguisse.

Passaram-se alguns dias. Judite está chorando.

> Minha mãe vai me bater quando descobrir isto. Como pôde acontecer comigo? Devo ter cometido um pecado muito grande para estar pondo sangue assim. Isto é coisa suja de negro. É só com negro que isto acontece!

No dia seguinte, Judite ainda está menstruada.

> Eu ainda estou pondo sangue. Mas isto é coisa suja, é coisa de negro!

E no dia imediato:

> Tina contou tudo para minha mãe. Ela me chamou e disse que já estou mocinha e que isto é natural para toda mulher. Ela me deu uns panos e explicou que todo mês vai acontecer a mesma coisa.

Aos 20 anos, Judite diz estar gostando de um rapaz branco, alto e bonito, porém pobre. Mas o moço nem sabe da afeição de Judite. E a moça explica que não vai tomar a iniciativa porque sua mãe sempre lhe diz que moça direita não pode olhar para um rapaz. O homem é quem deve se interessar primeiro pela moça.

Passa-se o tempo. Chega o ano de 1888. Judite está com 37 anos, mas sua vida continua praticamente a mesma.

Rindo muito, a moça prossegue sua narrativa:

> Essa é muito boa, esses negros estão muito enganados. Eles vão ter é que trabalhar. Será que eles se esqueceram de que são simplesmente negros e que vão ter de trabalhar até morrer?!

Perguntada sobre o que está dizendo, Judite explica:

É uma tal de Lei Áurea que saiu aí para libertar os negros. Mas como isso vai ser possível?! Para onde é que eles vão? Como é que vão comer? Eles são negros simplesmente, e negro nasceu para ser escravo...

E depois de mais alguns dias:

Tem um negrinho aqui que eu odeio e que ainda vou pendurar no tronco e mandar bater de chibata até matar. Eu odeio esse tal de Tonico, negrinho preguiçoso e fuxiquento. Eu odeio esse negro maldito!

O hipnoterapeuta quis saber qual a razão de tanto ódio por um negrinho. Que é que ele poderia lhe fazer?

É porque o danado do negrinho anda me espionando, o maldito é atrevido e está me ameaçando.

Mas porque o Tonico está ameaçando você? Por acaso ele descobriu algum segredo seu?

Bem eu vou contar. Eu tenho um amante desde há algum tempo. É o Gumercindo, ele é casado e tem quatro filhos. Se meu pai souber ele me mata.

> E o danado do negrinho descobriu tudo e está ameaçando contar ao papai. Mas eu acabo com ele antes disso. Eu vou acabar com este Tonico desgraçado, ele há de me pagar!

Passam-se os dias e, apesar do castigo que Judite manda aplicar no negrinho, este acaba por denunciá-la ao pai. Ao tomar conhecimento do caso da filha com o amante, a reação do fazendeiro é violenta. Espanca a moça com um chicote e ela, aos gritos, procura fugir-lhe, enquanto tenta proteger as costas, os braços, a cabeça e outras partes do corpo onde as chibatadas vão acertando, impiedosamente. Só nos é dado presenciar as acrobacias desesperadas de Judite, mas parece-nos estar vendo o fazendeiro furioso castigando a filha infiel. A moça se retorce toda e grita pedidos de perdão. Mas o pai ofendido é inflexível e acaba por expulsar Judite de casa.

A moça completamente desorientada, toma uma direção a esmo.

Vamos encontrá-la alguns anos mais tarde aos 42 anos de idade, residindo em um lugarejo perdido. É de tardezinha e ela está em sua choupana de sapé que os moradores do lugar, penalizados com sua situação, ajudaram-na a construir anos antes quando ali chegara, desamparada e sem nada de seu.

Judite reclama do cansaço após mais um dia de trabalho exaustivo na roça. Ela, que jamais trabalhara, agora é obrigada a labutar por seu mísero sustento. Suas mãos estão calejadas, seu estado é lastimável. Vamos tomando conhecimento de sua triste situação, por suas lamúrias. E a mulher que já tivera tudo e que achava que trabalho era coisa para negro, vê-se agora na contingência de lutar arduamente pelo pão de cada dia.

Vive só, mesmo porque, no lugarejo, há poucas pessoas. Sua única companhia é um entranhado ódio, ódio por Tonico, causa de sua desdita, ódio por seu pai e por todos os que contribuíram para sua desgraça.

Os anos seguintes não trazem qualquer modificação à triste existência de Judite: precocemente envelhecida, alquebrada pelo rude trabalho nas lavouras de algodão e cana, doente, sempre se lamentando de sua má sorte, tendo somente o ódio como único combustível a alimentar seu árido coração.

Aos 53 anos de idade, Judite está estendida no chão de sua choça, nos estertores da morte. Sua respiração é difícil e a mulher leva as mãos à garganta na desesperada tentativa de sugar o oxigênio que se faz cada vez mais escasso. Mas apesar de tudo ela recusa-se a morrer: "Estou morrendo, sozinha e abandonada... Mas eu não quero morrer, eu não quero morrer..."

Perguntada se naquele instante supremo perdoava seus inimigos, Judite foi categórica: "Não perdoo ninguém, não perdoo, eles hão de pagar o que fizeram comigo! Não perdoo os malditos!"

De nada adiantaram os conselhos para que aproveitasse a derradeira oportunidade para se reconciliar com seus desafetos: Judite morreu irredutível!

Como Judite morasse sozinha, sem vizinhos próximos, passaram-se alguns dias antes que dessem por sua falta e descobrissem seu corpo. Enquanto isto, o local estava enxameando de moscas, o cadáver putrefato exalava um odor fétido, vermes já pululavam pelo corpo em decomposição. Judite "espírito" não estava apreciando nem um pouco o nauseante espetáculo. E reclamava muito: "Que coisa horrível! Como é que eu pude estar por tanto tempo num corpo como este de Judite?!"

Mas alguém se aproxima da choça; naturalmente estranharam sua prolongada ausência. É o espírito da mulher quem continua narrando os acontecimentos: "Estão forçando a porta, agora tentam arrombar a janela. Um homem consegue abrir a janela e vê o corpo de Judite. Pula a janela, entra na palhoça e abre a porta, chamando outras pessoas..."

São tomadas as necessárias providências para o sepultamento de Judite: colocam o cadáver numa rede que é carregada para o meio do mato onde já está aberta uma cova rasa. Depositam o corpo da mulher na sepultura rústica. Alguém coloca uma cruz de madeira sobre a cova. É ainda a moça em transe quem vai narrando todas as passagens, agora falando pelo seu espírito.

Só após o sepultamento o espírito Judite vê-se transportado para uma outra região. E então começa a verificar que seus padecimentos não chegaram ao fim. Em verdade, estão apenas começando...

O espírito vê-se envolto na maior escuridão, tenta encontrar um caminho por onde seguir e não o consegue. Espectros rodeiam-na, perseguem-na, e gritam-lhe em coro: "Assassina! Assassina!"

Judite, desesperada, perdida naquelas trevas indevassáveis, tenta defender-se:

> Não, não sou assassina! Assassina, não! Vocês estão mentindo! Assassino é quem mata alguma pessoa e eu não matei ninguém! Afastem-se, deixem-me passar, parem de me atormentar!

Mas tudo em vão, as acusações continuam, a situação é cada vez mais desesperadora, Judite já não

A VIDA NUMA COLÔNIA ESPIRITUAL • 103

sabe mais o que fazer para afastar seus acusadores nem como encontrar uma saída para dali fugir.

Ela sabe que não mais pertence ao mundo dos encarnados, sabe que morreu e viu seu corpo ser sepultado, porém sente-se viva, continua com as mesmas necessidades de antes, tem fome, sede, e o frio é terrível!

O hipnoterapeuta pede-lhe que avance no tempo.

E quanto tempo permaneceu Judite naquela região trevosa e inóspita, em meio aos mais atrozes sofrimentos, não saberia ela dizer. Apenas tem a impressão de que muito e muito tempo se passou desde aquele momento em que se desligara do corpo físico.

Mas se não há bem que sempre dure, não há mal que nunca se acabe, como diz o povo em sua sabedoria. Também para Judite chegou o ansiado instante da libertação e sua esperança se reacendeu. Um homem alto, vestido com uma túnica branca e resplandecente, a ela se dirige numa voz calma e reconfortante: "Minha filha, vim buscá-la porque você vai receber uma nova oportunidade. Meu nome é Miguel e vou levá-la para um lugar onde você poderá se refazer e se reabilitar".

Vale lembrar que a descrição é sempre feita pela paciente em transe. É ela quem fala, é ela quem "vive" cada cena.

Em breve, Judite diz chegar a um lugar muito bonito, muito claro, iluminado, e com muitas pessoas com um ar de felicidade no rosto. Ela, que permanecera por tanto tempo na mais completa escuridão, não se cansa de admirar a beleza extraordinária da luz, da claridade. Não soube informar, precisamente, que lugar era aquele, apenas pôde dizer que ficava bem próximo da Terra.

Judite também não soube dizer por quanto tempo permaneceu naquele lugar tão agradável. Explicou que a noção de tempo no plano espiritual não é como aqui na vida material. De uma coisa, porém, tinha ela certeza: queria lá permanecer para sempre, tal a paz, a felicidade, a beatitude, que tomavam conta de seu ser. Foi preciso o hipnoterapeuta insistir muito para que Judite aceitasse retornar.

Foi aí que Judite foi informada do porquê de ser acusada de "assassina": muitos dos escravos castigados no tronco por determinação sua, vieram a falecer em decorrência dos suplícios a que foram submetidos.

Perguntada se tinha já conhecimento de seu destino futuro, Judite falou de seu programa de reencarnação. Já sabia quem seriam seus pais e que reencarnaria em um lar pobre, devendo ela ser uma negra. Sua mãe seria uma ex-prima sua, (parenta

A VIDA NUMA COLÔNIA ESPIRITUAL · 105

esta que em 1700 havia feito o parto de Judite, que naquela existência, no entanto, só vivera até os cinco anos de idade; esta prima era muito apegada à menina e ficara determinado que voltariam a se reencontrar). Judite disse só não estar mesmo satisfeita com a pessoa que fora determinada para ser seu pai na próxima existência, mas, segundo seus instrutores, isto seria indispensável, para seu reajuste. O pai de Judite seria o Tonico, aquele negrinho a quem ela tanto odiara!

Judite esclareceu mais que seu pai já era um homem de certa idade e que o casal não tinha ainda nenhum filho. As pessoas comentavam que isto era em decorrência da avançada idade do homem, mas ela esclareceu que a causa era outra. Sua mãe tinha o que se chama de "útero infantil" e até então não pudera conceber. A mãe da paciente, presente no auditório, terminada a regressão, confirmou tais detalhes.

E aquela que numa vida passada se chamara Judite, deu entrada neste mundo por um parto normal.

As pessoas, nós inclusive, que presenciamos esta impressionante peregrinação por uma outra existência, não contendo o júbilo por termos podido testemunhar tão evidente prova da reencarnação, chegamos a aplaudir a moça em seu despertar. Como se ela fosse uma atriz a desempenhar um papel tão pungente, mas tão real! Muitos abraçaram-na, emocionados. Ela, por sua vez, sorria, com ar de quem não estava entendendo nada do que se passava ao seu redor.

02

DOIS CASOS DE SONHO RECORRENTE

A REENCARNAÇÃO É a resposta lógica e racional de todas as questões referentes à origem e ao destino do ser, a noção de um Deus infinitamente justo e bom, a abertura para uma fé raciocinada.

Na reencarnação está, justamente, um dos fundamentos científicos do espiritismo, pois é um fato que pode ser evidenciado, pesquisado e comprovado.

São várias as possibilidades de evidências da reencarnação: crianças ou mesmo adultos que manifestam recordações de vidas anteriores; genialidade precoce, ou seja, crianças que na mais tenra idade apresentam conhecimentos e habilidades inatos; marcas ou cicatrizes de nascença; os chamados sonhos recorrentes ou repetitivos em que as pessoas revivem durante o sono locais e acontecimentos de uma vida passada, vindo depois a descobrir e comprovar que tudo foi real ao deparar com as provas evidentes de tais circunstâncias.

O Instituto Brasileiro de Pesquisas Psicobiofísicas – IBPP – conta com uma vasta coleção de casos que sugerem reencarnação. Vamos citar desta coletânea dois casos que se incluem na categoria do chamado sonho recorrente.

I. UMA TESTEMUNHA DA TRAGÉDIA DE POMPEIA

Uma senhora, desde seus cinco anos de idade, sempre sonhara com as mesmas cenas. Ora eram espetáculos de forte erotismo; outras vezes via-se em uma janela presenciando a erupção de um vulcão, cujas lavas incandescentes desciam em direção à cidade onde morava. Via-se, depois, tentando escapar daquela cidade em meio a uma multidão, fugindo por um caminho que levava ao mar.

Esta mulher nascera e passara sua infância em uma cidadezinha do interior, no tempo em que não havia ainda televisão e em criança jamais havia assistido a qualquer filme documentário. Assim, aquelas cenas que lhe apareciam em sonho recorrente não podiam ser sugestão de imagens já vistas onde quer que fosse.

Aos quarenta anos, esta senhora teve a oportunidade de viajar pela Europa e lá visitou as ruínas de Pompeia, a célebre cidade romana que foi coberta pelas lavas do Vesúvio. Ali surpreendeu-se ao verificar que os detalhes da cidade eram-lhe perfeitamente familiares e cada vez mais se espantava à medida em que deparava com casas, ruas, praças, coisas que reconhecia com a maior nitidez.

Em um dado instante, descobriu uma casa de dois pavimentos. Identificou-a imediatamente. Reconheceu a janela de onde, em seus sonhos, via o Vesúvio vomitando fogo, cinzas e lavas ardentes no dia inesquecível em que o terror fixara indelevelmente estas cenas em seu subconsciente espiritual.

Viu todos os pormenores da fachada de sua casa, da rua, da casa vizinha onde existira um cãozinho que estava preso e que latia em seu sonho no instante da erupção vulcânica, encontrou o caminho que percorreu em meio a tantas pessoas fugindo em pânico em direção ao mar.

Olhou a placa da rua e leu, aturdida, o nome: "Rua do Lupanar"! Entendeu, então, o significado das cenas eróticas revividas no sonho.

E constatou, perplexa, que em verdade não tivera apenas e simplesmente sonhos, mas sim a reprodução de lembranças gravadas em sua memória espiritual de passagens e acontecimentos de uma sua vida anterior!

II. AS ESTRANHAS CICATRIZES

Outro caso pesquisado pelo IBPP e que pode ser incluído, não na categoria do sonho recorrente que se repete insistentemente, sempre com os mesmos detalhes qual a reprodução de um filme, mas ainda catalogado como um caso de marcas de nascença, é esta história de uma jovem paulistana.

Desde sua meninice esta moça era aterrorizada por um sonho recorrente, ligado a um acidente violento.

Possui esta jovem cicatrizes em todas as juntas de seu corpo, dando-se a nítida impressão de que ela fora desmembrada e novamente recomposta.

Segundo seu próprio depoimento, 20 dias após ter ela nascido, numa certa manhã, sua mãe ao trocar-lhe as fraldas percebeu que a criancinha estava toda cortada, como se alguém lhe houvesse passado uma lâmina muito afiada em todas as dobrinhas do corpo. Aquilo sangrava quando era tocado e ela mesma nunca entendeu como pôde ter sobrevivido. A própria medicina não apresentou uma explicação lógica para aquela ocorrência. Falou-se em fogo selvagem, em doença do sangue etc., sem que se chegasse a uma conclusão definitiva. Aos três meses de idade, os cortes começaram a cicatrizar e a jovem, dali para a frente, ficou bem fisicamente, embora carregando para sempre aquelas estranhas cicatrizes em todas as juntas de seu corpo.

Mas, voltando ao seu sonho, a jovem contou que o mesmo se repetia sempre igual em todas as vezes. Ela via-se atravessando uma via férrea, uma malha de trilhos de trem, próximo de uma grande estação ferroviária durante uma noite escura. Em certos pontos, os ramais cruzavam-se, confundiam-se, e em outros lugares bifurcavam-se. Ela atravessava uma das linhas e outra já surgia à sua frente. Sua mente perturbava-se, porque via-se em meio a trens em alta velocidade vindos de todos os lados. Via-se em seu sonho fugindo dos trens para não ser atropelada, mas outros trens apareciam e quando o desastre parecia iminente, ela acordava sobressaltada. Eram pesadelos terríveis!

Em sua narrativa à equipe do IBPP, a jovem contou que se livrou desse sonho apavorante que a perseguia desde a infância, à custa de muitas e fervorosas preces.

Pois bem, a moça passou a trabalhar em uma firma na própria Capital paulista e todas as tardes um ônibus da empresa levava-a juntamente com colegas de trabalho para as respectivas residências. A condução percorria sempre o mesmo trajeto seguindo pela Avenida do Estado. Ela, portanto, passara por aquele caminho muitas vezes, mas jamais prestara atenção aos detalhes do percurso porque sempre estava distraída, lendo ou conversando.

Mas certa tarde, precisamente a 20 de dezembro de 1976, a jovem estava olhando pela janela do ônibus e começou surpreendentemente a ver o ambiente de seu sonho. O Sol em declínio iluminava fortemente a fachada de um edifício muito antigo, fazendo com que seus vitrais cintilassem. Era uma antiga estação ferroviária com as mesmas características da estação vista por ela em seu sonho. A moça, então, sentiu um toque profundo no recesso de seu ser, uma atração irresistível pelo local que se lhe apresentava tão familiar. Inclinou a cabeça para fora da janela do ônibus em movimento para melhor poder observar o edifício. E começou a imaginar o que viria logo após: depois deste prédio há trilhos de estrada de ferro! De fato, logo que o ônibus avançou mais um pouco, surgiram as muitas linhas ferroviárias. A cena despertou-lhe as mesmas emoções outrora sentidas em seu sonho apavorante!

E a moça prossegue em seu relato espantoso: ali sentada no primeiro banco do ônibus, reviveu as imagens de terror já antes vistas em seu sonho. E, o que é mais impressionante, enquanto tudo se desenrolava, a jovem olhava simultaneamente para o quadro que se apresentava e para as profundas cicatrizes que trazia em suas articulações, já então vistas com certa indiferença, uma vez que a acompanhavam desde seus primeiros dias de vida como um mistério considerado insolúvel!

Mas aí, naquele preciso momento, teve a moça como que a revelação daquelas marcas e compreendeu que as mesmas foram feitas em verdade em uma existência anterior.

Estava, portanto, desfeito o enigma de suas cicatrizes.

03

DAS CITAÇÕES

Sou um profeta, cheio desse espírito profético, que caminha por uma alta crista entre dois mares, que caminha como uma densa nuvem entre o passado e o futuro, inimiga de todos os lugares baixos, sufocantes, de todos os seres extenuados que não podem viver, nuvem sempre disposta a soltar, de seu obscuro seio, o relâmpago libertador. Feliz de quem traz em seu seio tais raios, pois, na verdade, permanece sempre suspenso como uma tormenta pesada no flanco da montanha, e destinado a acender a tocha do porvir.

Friedrich Nietzsche

CERTAS FRASES VALEM mais que muitos compêndios alentados e prolixos.

Pensamentos há que nos levam à mais acentuada reflexão e que, com palavras poucas, nos propiciam o mais fecundo ensinamento.

Autores existem que dispõem da sublime inspiração. E, de modo singelo e preciso, têm o condão de tocar sentimento e consciência, mente e coração, a um só compasso.

Beleza, simplicidade, síntese, mas também exatidão e profundidade.

São pensamentos quais as mais raras e preciosas essências, contidas nos mais pequeninos frascos, mas cuja fragrância é de incomparável qualidade!

E para recolher estas joias de beleza e significação, fizemos como o minerador que, com sua bateia, busca incansavelmente pepitas de ouro e diamantes.

Ou como o mergulhador que vai ao fundo do mar tantas vezes quantas forem necessárias, para recolher inúmeras conchas à procura das tão desejadas pérolas!

Mas também fizemos como o lavrador, que se recolhe feliz e satisfeito pela farta e compensadora colheita.

Estas citações não devem ser lidas, simplesmente, mas relidas, apreciadas e meditadas, pois valem como lições de vida material e espiritual, e como normas de conduta...

São citações de frases de autores espiritualistas do quilate de André Luiz, Emmanuel, Camille Flammarion. E palavras de Jesus!

São pensamentos da Espiritualidade.

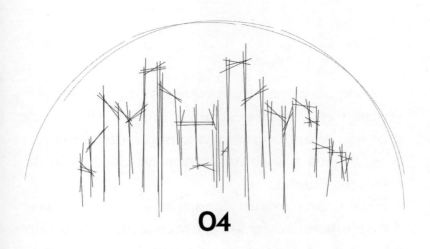

04

JESUS DE NAZARÉ, O REVOLUCIONÁRIO DO AMOR!

OS MILITARES SEMPRE **governaram mais que os filósofos; os aventureiros incultos e atrevidos sempre dirigiram mais que os sábios; a ditadura, a opressão, o "direito da força", sempre prevaleceram sobre a Democracia e a "força do Direito"; os espíritos belicosos, os amantes da guerra e da destruição, sempre varreram de seu caminho os mansos e os pacificistas.**

Em aproximadamente 3.500 anos, a Terra viveu menos de três séculos sem guerras e sem lutas fratricidas.

Assim, apenas em pequenos intervalos, povos não estiveram destruindo outros povos, nações não se aplicaram na demolição de outras nações, irmãos não se dedicaram ao extermínio de seus semelhantes.

E isto não é exclusividade do homem do passado: a Humanidade ainda agora continua à mercê do lobo humano. Veja-se, por exemplo, o conflito entre o Irã e Iraque, a luta sem quartel que se trava entre brancos e negros na África do Sul, o genocídio do Líbano, os atentados terroristas que ocorrem em todas as partes do mundo, a ameaça que pesa sobre nosso planeta de ser dizimado por uma hecatombe atômica!

E estes conquistadores arbitrários de todos os tempos, estes guerreiros ferozes e insaciáveis, estes governantes insensíveis e prepotentes, nada legaram à posteridade.

Tiveram o poder de vida e morte em suas mãos, césares de todas as épocas, foram louvados por vermes bajuladores, foram invejados e odiados, foram temidos, mas jamais amados. E desapareceram em meio ao pó dos tempos, ruíram juntamente com os impérios conquistados e tombaram com as fortalezas por eles próprios erguidas e por eles mesmos julgadas imbatíveis!

E nada de grandioso, nada de importante e de significativo, nada de bom e fraterno acrescentaram à História.

No entanto, um Homem que esteve entre nós há dois mil anos, cujas únicas armas eram o amor, a humildade, a mansuetude e uma infinita capacidade de perdoar, revolucionou o mundo; e sua imagem, suas palavras, seu exemplo, permanecem ainda vibrantes nas mentes e nos corações dos terrícolas.

Jesus, embora fosse um espírito arcangélico que por 33 anos esteve no plano denso e sufocante da Terra, viveu junto aos seus irmãos terrenos sem privilégios especiais e sem recorrer a prerrogativas do mais Alto; lutou na vida humana com as mesmas armas e os mesmos recursos para tornar sua missão viva e marcante pelo penhor de seu exemplo. Vivenciou ele cada uma de suas lições, mostrou em cada um de seus atos que o ser humano pode vencer a batalha da evolução espiritual desde que se empenhe na suprema luta do burilamento interior. Jesus sempre viveu em si mesmo seus ensinamentos e seus conceitos redentores para poder assim acelerar o ritmo da caminhada ascensional da Humanidade terrestre.

Seu programa na Terra destinou-se a libertar tanto lobos como cordeiros, publicanos e santos, ateus e crentes, bons e maus, ricos e pobres.

E este programa está consubstanciado em seu Evangelho, código moral de suprema perfeição, Constituição cujas leis se destinam a estabelecer o reinado do amor entre os homens.

Jesus veio para substituir o ódio e o sentimento de vingança contidos na pena de talião – "Olho por olho, dente por dente" – em que o indivíduo tomava a lei em suas próprias mãos como um direito a ele legado, pelo princípio sublime de que não se deve fazer ao próximo o que não se deseja para si mesmo. Ou ainda, para ensinar que todo mal que se praticar reverterá contra seu próprio autor, pois "quem com ferro fere, com ferro será ferido".

Veio para dizer que Deus não castiga Suas criaturas, mas sim, que é o próprio homem o agente e o paciente de seus atos; ou seja, a "punição" que lhe é imposta é consequência de erros cometidos por ele mesmo.

Veio para esclarecer que Deus é sumamente justo e bom, Pai amantíssimo, sem nenhum traço de rancor, de ira, de dureza, não mais o implacável inquisidor, conforme a imagem antropomórfica que Moisés dele precisou plasmar.

Jesus veio para ensinar que não existem penas eternas nem eterna contemplação em berço esplêndido.

Este revolucionário do amor, veio, finalmente,

para sintetizar todos os mandamentos na máxima da mais absoluta sublimidade: "Ama a Deus sobre todas as coisas e ao próximo como a ti mesmo"!

CITAÇÕES DE JESUS:

Os que me dizem: Senhor! Senhor! nem todos entrarão no Reino dos Céus, mas somente entrará aquele que faz a vontade de meu Pai que está nos Céus.

Muitos me dirão nesse dia: Senhor! Senhor! não profetizamos em vosso nome? Não expulsamos os demônios em vosso nome e não fizemos muitos milagres em vosso nome? E então eu lhes direi bem alto: Retirai-vos de mim, vós que praticais a iniquidade.

Reconcilia-te com o teu adversário enquanto está com ele a caminho, para que te não entregue ao juiz e este te mande à prisão, de onde não sairás enquanto não tiveres pago até o último ceitil.

Ao que te bater numa face, oferece também a outra; e ao que te arrancar o manto, não recuses a túnica.

Mas aquele que ouve estas palavras que digo e não as pratica, será semelhante a um homem insensato que construiu sua casa sobre a areia, e quando caiu a chuva, os rios transbordaram, os ventos sopraram e desabaram sobre aquela casa, ela foi derrubada e grande foi a sua ruína.

Não se colhem uvas de espinheiros.

Quando derdes esmola, não saiba a vossa mão esquerda o que faz a direita, para que a vossa esmola fique em segredo; e vosso Pai, que vê o que se passa em segredo, publicamente vos recompensará.

E orando não useis vãs repetições, pois o vosso Pai sabe o que vos é necessário, antes que o peçais.

Porque, em verdade vos digo, se tivésseis fé como um grão de mostarda, diríeis a esta montanha: Transporta-te daqui para acolá e ela se transportaria e nada vos seria impossível.

A árvore que produz maus frutos não é boa, e a árvore que produz bons frutos não é má, porque conhece-se a árvore pelos seus frutos. Não se colhem figos dos espinheiros e não se cortam cachos de uva dos abrolhos.

Não ajunteis para vós tesouros na Terra, onde a traça e a ferrugem podem corroê-los e os ladrões roubá-los, mas ajuntai para vós tesouros no Céu; porque onde estiver o vosso tesouro, aí estará também o vosso coração.

Não vos inquieteis pelo dia de amanhã, pois o dia de amanhã cuidará de si mesmo. Basta a cada dia o seu mal.

Guardai-vos dos falsos profetas que vêm até vós, cobertos com peles de ovelha e por dentro são lobos que roubam. Conhecê-los-ei pelos seus frutos.

O que aproveitaria ao homem ganhar o mundo inteiro e perder sua alma? Que daria um homem em troca de sua alma?

Amarás o Senhor teu Deus de todo o teu coração, e de toda a tua alma, e de todo o teu pensamento. Este é o primeiro e grande mandamento.

E o segundo, semelhante a este, amará o teu próximo como a ti mesmo. Destes dois mandamentos depende toda a lei e os profetas.

De toda palavra ociosa que os homens disserem, hão de prestar contas no dia do juízo; porque por tuas palavras serás justificado e por tuas palavras serás condenado.

Porque, se vós perdoardes aos homens as ofensas que tendes deles, também vosso Pai celestial vos perdoará os vossos pecados. Mas se não perdoardes aos homens, tampouco vosso Pai vos perdoará os vossos pecados.

O homem bom, do bom tesouro do seu coração tira o bem; e o homem mau, do mau tesouro do seu coração, tira o mal; porque a boca fala do que o coração está cheio.

Deixo-vos a paz, a minha paz vos dou. Não se turbe o vosso coração, nem fique sobressaltado".

Se sabeis estas coisas, bem-aventurados sereis se as praticardes.

Não julgueis segundo a aparência, mas julgai segundo a reta justiça.

Eu sou a luz do mundo; aquele que me segue não andará em trevas, mas terá a luz da vida.

A candeia do corpo é o olho. Sendo pois o teu olho simples, também todo o teu corpo será luminoso; mas, se for mau, também o teu corpo será tenebroso.

Graças vos dou a Vós, meu Pai, Senhor do Céu e da Terra, porque ocultastes estas coisas aos sábios e prudentes, e as revelastes aos simples e aos pequeninos.

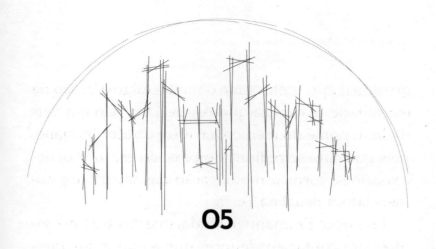

05

ANDRÉ LUIZ, O REPÓRTER DO OUTRO MUNDO

ANDRÉ LUIZ EM sua última encarnação foi um médico que levou existência de excessos, afastado das leis de Deus.

Desencarnado, foi parar no umbral onde permaneceu por oito anos em meio a muito sofrimento e desespero.

Foi apenas por intercessão de sua mãe, espírito iluminado habitante de uma esfera superior, que recebeu a dádiva de ser levado para *Nosso Lar*.

No prefácio do primeiro livro mediúnico de André Luiz, Emmanuel dele fala com muito carinho quando o apresenta como o novo amigo e irmão na eternidade. E explica que André Luiz não é o verdadeiro nome do médico terrestre e autor humano, pois que para se redimir do passado escabroso, necessário se torna a modificação das tabelas da nomenclatura usual na Terra.

Esclarece Emmanuel, ainda, que André Luiz vinha para contar aos leitores que a maior surpresa da morte carnal é a de nos colocar face a face com a própria consciência. E, também, que a missão de André Luiz é a de descerrar o véu, desvendar os enigmas que até então cercavam a vida no plano espiritual.

Verdadeiramente, André Luiz deve ser considerado como o grande repórter do mundo invisível porquanto suas narrativas têm estilo jornalístico e com seu modo coloquial vai nos dando as mais amplas informações do lado de lá. É como um repórter de um grande jornal ou de uma importante revista atuando como correspondente em plagas longínquas, informando precisa e minuciosamente a todos os leitores dos acontecimentos de sua área de atuação.

Desde sua primeira obra mediúnica, André Luiz tem nos brindado com muitos e excelentes trabalhos. Seria cansativo e desnecessário enumerar todos os seus livros, após a obra inicial *Nosso Lar*.

Constitui-se este escritor do Além no mais perfeito elemento de ligação entre este mundo e o outro. Afirma-nos categoricamente André Luiz que a hora da morte é, indubitavelmente, a hora da imortalidade e que a vida continua estruturada, dinâmica e vibrante também no plano espiritual.

Já se disse que Léon Denis é o poeta do espiritismo, da mesma forma pode-se também dizer que André Luiz é o repórter da Terceira Revelação na cobertura dos fatos do mundo da outra dimensão. Dono de um estilo tão característico como cativante, consegue unir de forma magistral, singeleza de expressão e profundidade de conteúdo em suas narrativas.

Em seus livros apresenta-se André Luiz como um espírito sempre sequioso de elucidações construtivas no intuito de mais aprender para melhor ensinar. E, por possuir um inveterado instinto de pesquisa intelectual, está sempre formulando perguntas aos mentores espirituais, sempre querendo maiores e mais detalhadas explicações sobre as múltiplas facetas do ser e de seu destino, quer no plano material como na Espiritualidade.

PENSAMENTOS DE ANDRÉ LUIZ

Os pais respondem como cicerones dos que ressurgem no educandário da carne.

O livro edificante vacina a mente infantil contra o mal.

A responsabilidade pessoal é um patrimônio intransferível.

A noção de responsabilidade nos deveres mínimos, é o ponto de partida para o cumprimento das grandes obrigações.

A criança sofre, de maneira profunda, a influência do meio.

Sem boa semente não há boa colheita.

O desespero é fogo invisível.

O trabalho de recuperação do corpo fundamenta-se na reabilitação do espírito.

A dor tem um papel relevante em nosso caminho, sem lamentações infelizes. A resignação nasce da confiança.

O antídoto do mal é a perseverança no bem.

A exasperação leva ao desequilíbrio e à queda.

Espíritos existem que se esforçam para não crer em sua própria existência.

O Sol, em nome de Deus, ilumina todas as criaturas.

Quando apaixonado e desmedido, o zelo obscurece a razão.

Toda imposição em matéria religiosa, revela fanatismo.

Discussão em base de azedume e ironia, é pancadaria mental.

Ainda nas aparências do bem, o mal é sempre mal.

Quanto mais luz, mais possibilidade de iluminação.

O fruto dá notícias da árvore que o produziu.

A comunhão com os bons cria para nós a responsabilidade de imitá-los.

A prece entrelaça os espíritos.

Há diferença fundamental entre orar e declamar.

Os resultados da oração, tanto quanto os resultados do amor, são infinitos.

Quem ora em favor dos outros, ora em favor de si próprio.

O intercâmbio mediúnico é acontecimento natural e o médium é um ser humano como outro qualquer.

Não pode haver assistência digna onde não há dever dignamente cumprido.

Há terrenos que não estão ainda preparados para a semeadura.

O bem ajuda sem perguntar.

É falta de caridade abusar da bondade alheia.

A Presença Divina constitui verdade perene. Até o silêncio da pedra fala em Deus.

Há sabedoria em todas as coisas. Embora sem tato, a trepadeira sabe encontrar apoio; não obstante sem visão, o girassol sempre descobre o astro-rei.

Eternidade significa aprimoramento contínuo de repetições. Sem recapitular movimentos, a Terra desagregar-se-ia.

A obediência não dispensa a firmeza. Humilhada e submissa, a água se amolda a qualquer recipiente, mas, resoluta e perseverante, atravessa o rochedo.

Volume não expressa valor. Apesar de pequenina, a semente é gota de vida.

06

EMMANUEL

EMMANUEL É O grande instrutor espiritual que, através da mediunidade de Francisco Cândido Xavier, vem, há mais de 50 anos ininterruptos, ofertando ao Brasil e ao Mundo, um dos maiores tesouros espirituais que a Humanidade já recebeu do Alto.

Emmanuel é, sem dúvida, o grande arquiteto desta esplêndida obra de esclarecimento e difusão do espiritismo através do livro.

Seu estilo é mais clássico que o de André Luiz, mas igualmente inconfundível e absorvente. Sua vasta obra mediúnica apresenta o mais elevado conteúdo doutrinário e a mais bela e vigorosa contextura literária.

No magnífico romance *Há dois mil anos*, Emmanuel relata sua encarnação ao tempo de Cristo na pessoa do orgulhoso patrício romano Públio Lêntulus. Conforme relata o próprio Emmanuel com toda a humildade que o caracteriza, foi ele, então, "um coração empedernido que não soube aproveitar o minuto radioso que soara no relógio de sua vida de espírito, há dois mil anos".

E o grande benfeitor espiritual conta, ainda, como "a morte abriu suas portas de sombra, e as falsas glórias do mundo foram derruídas no torvelinho das ambições, reduzindo-se todas as vaidades a um acervo de cinzas".

Em *50 anos depois*, outro romance de Emmanuel, o senador Lêntulus reaparece no cenário terreno na personalidade do escravo Nestório, judeu grego de Éfeso.

Menos sabida, entretanto, é uma outra encarnação de Emmanuel, sua última no plano terreno, ligada à História do Brasil. Personificou ele o Padre Manuel da Nóbrega, iniciador do trabalho de cristianização de nossa pátria, muito justamente chamado de *O Primeiro Apóstolo do Brasil.*

Chico Xavier viu, pela vez primeira, o espírito Emmanuel em 1931.

Assim narra o médium de Uberaba esta primeira visão do grande benfeitor:

> Via-lhe os traços de homem idoso, sentindo minha alma envolvida na suavidade de sua presença, mas o que mais me impressionava era que a generosa entidade se fazia visível para mim, dentro de reflexos que tinham a forma de uma cruz.

Às minhas perguntas naturais, respondeu o bondoso guia:

> Descansa. Quando te sentires mais forte, pretendo colaborar igualmente na difusão da filosofia espiritualista. Tenho seguido sempre os teus passos e só hoje me vês, na tua existência de agora, mas os nossos espíritos se encontram unidos pelos laços mais santos da vida, e o sentimento afetivo que me impele para teu coração, tem suas raízes na noite profunda dos séculos...

Desde 1933 produz Emmanuel, pela psicografia bendita de Chico Xavier, as mais variadas páginas sobre os mais diversos assuntos.

Sempre que solicitado a se pronunciar sobre qualquer questão, evidencia o mais alto grau de humildade, tolerância, afabilidade e doçura, tratando sempre todos os problemas com o máximo respeito pela liberdade e pelas ideias dos outros.

E Emmanuel tem permanentemente evidenciado o testemunho de sua grande experiência aliada à sua refinada cultura.

Sem qualquer sombra de dúvida, Emmanuel e André Luiz são os grandes arautos do cristianismo propagado pela Terceira Revelação.

CITAÇÕES DE EMMANUEL

Os fenômenos da reencarnação, como aqueles que assinalam o desprendimento do espírito no mundo, abrangem as mais variadas formas e se verificam de acordo com as necessidades de cada um.

Há indigentes no seio de tesouros inapreciáveis e pessoas há, de reduzidos recursos financeiros, singularmente ricas de esperança e de ideal.

O trabalhador possui o tesouro da paz de cada dia, o ocioso encontra em cada noite o padecimento da insatisfação. Um vive na claridade da esperança, outro na tormenta da ambição.

Não se dê ao trabalho de manifestar gratidão. Neste mundo somos devedores uns dos outros.

A fé é um estado superior conseguido na oração e na esperança.

Cada dia é uma esperança renovada para o labor de nossa redenção.

Quando uma centésima parte do cristianismo de nossos lábios conseguir expressar-se em nossos atos de cada dia, a Terra será plenamente libertada de todo o mal.

Não só aos braços foram conferidas as atribuições de serviço. Os ouvidos trabalham quando ouvem, os pés quando caminham. A língua esforça-se, a inteligência atua. Quando cessam as possibilidades de ação no exterior, há no íntimo da criatura todo um mundo a desbravar. A enfermidade atormenta a criatura para que ela se volte para dentro de si mesma e aproveite a oportunidade, no esforço laborioso de sua renovação.

Os entes queridos que nos antecederam no túmulo, nos esperam no limiar da outra vida, para as alegrias do reencontro.

Nós nascemos e renascemos. A vida é uma só, entretanto as experiências são diversas. O próprio Jesus declarou aos mentores de Israel que não era possível atingir o Reino de Deus sem renascer de novo. Inferno ou Purgatório são estados do espírito em tribulação por faltas graves, ou em vias de penitência regeneradora.

Em todas as escolas religiosas, a teologia, representando as diretrizes dos patriarcas veneráveis da fé, procura controlar os campos emotivos dos crentes, acomodando os interesses imediatistas da alma encarnada. Para isso, criou religiões definidas, tentando padronizar as definições de Deus pelos decretos de reis medievais, lavrados à base de audaciosa ingenuidade.

A palavra *trabalho* seria desconhecida nos céus, quando a Natureza terrestre reparte missões claras de serviço com todas as criaturas da Crosta Planetária, desde o verme até o homem?!

A VIDA NUMA COLÔNIA ESPIRITUAL · 143

Indubitavelmente províncias de angústia punitiva e dor reparadora existem nas mais variadas dimensões do Universo, assim como vibram consciências escuras e terríveis nos múltiplos estados sociais, no entanto, o serviço teológico, nesse sentido, não obstante respeitável, atento ao dogmatismo tradicional e aos interesses do sacerdócio, estabelece o *non plus ultra,* que não atende às exigências do cérebro nem aos anseios do coração.

Como justificar um inferno onde as almas gemessem distantes de qualquer esperança, quando, entre os homens imperfeitos, ao influxo renovador do Evangelho de Jesus-Cristo, as penitenciárias são hoje grandes escolas de regeneração e cura psíquica?! E por que meios admitir um céu, onde o egoísmo recebesse consagração absoluta, no gozo indefinido dos contemplados pela graça, sem nenhuma compaixão pelos deserdados do favor, que caíram, ingênuos, nas armadilhas do sofrimento, se, entre as mais remotas coletividades de obscuras coletividades carnais, se arregimentam legiões de assistência fraterna amparando ignorantes e infelizes?!

Esferas múltiplas de atividade espiritual interpenetram-se nos diversos setores da existência. A morte não extingue a colaboração amiga, o amparo mútuo, a intercessão confortadora, o serviço evolutivo. As dimensões vibratórias do Universo são infinitas, como infinitos são os mundos que povoam a imensidade.

Ninguém morre. O aperfeiçoamento prossegue em toda parte.

Allan Kardec, o inesquecível codificador, refere-se várias vezes em sua obra à erraticidade, onde estaciona considerável número de criaturas humanas desencarnadas. Acresce notar, todavia, que transferir-se alguém da esfera carnal para a erraticidade não significa ausentar-se da responsabilidade ou da iniciativa, nem vaguear em turbilhão aéreo, sem diretrizes essenciais.

Os que renascem no plano denso como pessoas transferidas da vida espiritual à materialidade, não estão simbolizando qualquer imersão inconsciente e estúpida nas correntes carnais. Como acontece aos que chegam à crosta da Terra, os que dela saem encontram igualmente sociedades e instituições, templos e lares, onde o progresso continua para o Alto.

A morte é campo de sequência sem ser fonte milagreira, que aqui ou além o homem é fruto de si mesmo, e as leis divinas são eternas organizações de justiça e ordem, equilíbrio e evolução.

Hoje, como outrora, na organização social em decadência, Jesus avança no mundo, restaurando a esperança e a fraternidade, para que o santuário do amor seja reconstituído em seus legítimos fundamentos.

Por mais se desenfreie a tormenta, Cristo pacifica. Por mais negrege a sombra, Cristo ilumina. Por mais se demande a força, Cristo reina. A obra do Senhor, porém, roga recursos na concretização da paz, pede combustível para a luz e reclama a boa vontade na orientação para o bem. A ideia divina requisita braços humanos. A bênção do Céu exige recipientes na Terra.

07

CAMILLE FLAMMARION, O FILÓSOFO DO FIRMAMENTO

NASCEU NICOLAS CAMILLE Flammarion, em Montigny Le-Roy, França, a 26 de fevereiro de 1842. Foi um astrônomo notável que iluminou com as luzes de sua filosofia científica o século XIX.

Seu interesse pela astronomia, esta ciência que traz os céus para mais perto de nós, foi despertado muito cedo. E, apesar das precárias condições financeiras de sua família, Flammarion foi se aprofundando cada vez mais no estudo da astronomia, pesquisando todos os trabalhos científicos de sua época. E já aos dezesseis anos de idade publicava seu primeiro livro: *O mundo antes da aparição do homem.*

Camille Flammarion trabalhava no Observatório de Paris, de onde se afastou em 1862 para publicar uma obra que chamou para si as atenções do mundo científico de então: *Pluralidade dos mundos habitados.* Trata esse livro das condições de habitabilidade de outros mundos além da Terra, apreciadas conforme a astronomia, a fisiologia e a filosofia natural.

Flammarion sempre foi muito evoluído com relação aos homens de seu tempo, atrevendo-se a falar da alma numa época de forte predominância do materialismo. Sua geração foi uma geração sem fé, sendo mesmo moda afirmar não se acreditar em nada do que não se pudesse tocar, pesar, medir. Flammarion, contudo, quanto mais estudava e ia constatando as maravilhas ocultas do Universo, mais admitia a existência de um Ser sumamente perfeito e responsável pela criação de tudo o que existia. Como cientista, chegou a uma conclusão lógica: "Não existe acaso, pois todo fenômeno é efeito de uma causa". E esta causa eficiente para Flammarion é Deus.

E assim prosseguiu Flammarion divulgando seus conhecimentos e suas descobertas científicas que apenas confirmavam suas teorias espiritualistas, por meio de palestras, jornais, revistas e principalmente por seus livros. À sociedade nihilista de seu tempo, o sábio e filósofo astrônomo respondia com argumentos lógicos e racionais.

Suas obras, de modo geral, giram em torno do postulado espírita da pluralidade dos mundos habitados. Entre seus livros, destacam-se, além dos já citados, *Os mundos imaginários e Os mundos reais. As maravilhas celestes* e *Deus na natureza*. Dentro de seu ramo específico de conhecimento, fez muito sucesso com uma obra notável – *Astronomia popular* – justamente por tratar um tema científico de forma popular, tornando-o interessante e inteligível para os não iniciados no assunto.

Foi amigo pessoal de Allan Kardec, tornando-se companheiro dedicado do Codificador a quem denominou com muita propriedade de *O bom-senso encarnado*. Camille Flammarion foi o orador escolhido para dizer as últimas palavras a Kardec em seu sepultamento.

Camille Flammarion que, conforme Gabriel Delanne foi um *filósofo enxertado em sábio* porque possuiu a arte da ciência e a ciência da arte, desencarnou a 4 de junho de 1925.

PENSAMENTOS DE CAMILLE FLAMMARION:

Nossa faculdade de contar, abstrair nosso sentimento do justo e do injusto, do verdadeiro e do falso, a bondade e a maldade, não podem ser produtos da química cerebral. O mundo psíquico tem uma existência tão certa quanto o mundo material.

O ser universal não pode ser senão justo e a criação infinita não pode ser senão boa. Tudo gravita para o progresso, para o melhor. Devemos viver em plena esperança.

Há em redor de nós vibrações, movimentos etéreos ou aéreos, forças, coisas invisíveis que não percebemos. Se existem coisas, podem existir seres.

A justiça existe na mecânica celeste. Nela erro algum é possível.

A ciência e a religião não podem ser colocadas como duas forças inimigas e irredutíveis, pois duas verdades não podem ser opostas uma à outra.

A história da vida terrestre, desde as mais antigas épocas geológicas até nossos dias, mostra um progresso gradativo e constante. Esse progresso é uma lei à qual a Natureza obedece. E essa lei é de ordem intelectual.

Os fatos observados, os ninhos dos pássaros, a coragem das mães, o alimento dos mamíferos, a atração dos sexos, a organização do corpo humano, tudo prova uma finalidade, um plano, no estado das coisas terrestres.

08

LEON TOLSTÓI, ESPÍRITO

A MÉDIUM YVONNE A. Pereira é bastante conhecida pelos excelentes trabalhos que psicografou. Grandes escritores manifestaram-se através de sua psicografia.

O que caracteriza o trabalho desta médium é a leitura agradável, a história bem escrita, a originalidade do enredo, o caráter filosófico-moral, a fidelidade doutrinária.

Memórias de um suicida, talvez seja a mais famosa obra psicografada por Yvonne, romance em que o espírito de um grande escritor da língua portuguesa nos relata tudo quanto lhe sucedeu como resultado de seu tresloucado suicídio. Entretanto, esta é apenas uma das obras de acentuado destaque recebidas por seu abençoado talento mediúnico.

Leon Tolstói, um dos mais ilustres escritores russos de todos os tempos, também ditou um trabalho a Yvonne, com o título de *Ressurreição e vida,* com histórias das mais emocionantes cuja mensagem nos transmite a inabalável convicção da eternidade da vida.

Conforme o próprio autor espiritual esclarece na apresentação de *Ressurreição e vida:*

> são páginas extraídas de um sincero desejo de ser útil, o testemunho da minha solidariedade aos homens, meus irmãos perante Deus. Que eles saibam que no dia em que o túmulo se fechar sobre o corpo inerte de um homem, raiará, para sua alma, nova era de um destino imortal.

Yvonne narrou, na introdução deste trabalho, as curiosas circunstâncias ocorridas na escolha de sua intermediação psicográfica pelo próprio Espírito Leon Tolstói. A médium aí confessa que jamais poderia supor que tal entidade pudesse vir até ela para ditar um trabalho literário, mesmo porque nada pedira para tal, jamais lera antes um livro deste autor, como nem mesmo se detivera, antes, a pensar em Leon Tolstói.

Conforme Yvonne, para sua grande surpresa, em junho de 1961, durante seu sono noturno, notou que uma entidade amiga viera buscá-la para um passeio. Tratando-a com polidez principesca e comovedora afetividade, o grande *apóstolo russo* externou o desejo de escrever algo ao mundo terreno por seu intermédio.

Yvonne, então, não só se admirou, como foi tomada por um vago temor diante das dificuldades do feito, principalmente por Leon Tolstói desejar o trabalho abordando regionalismo russo.

A médium protestou por ser o regionalismo difícil, mesmo para o feito mediúnico.

Entretanto, a entidade docemente acalmou-a, assegurando-lhe que no seu caso, não haveria qualquer dificuldade por ter tido Yvonne uma existência na Rússia. Diante de tal argumento, respondeu-lhe ela: "Se for da vontade de Deus, meu irmão, então estarei às vossas ordens, com todo o meu coração, pronta às disciplinas necessárias e a qualquer sacrifício".

Leon Tolstói então levou-a para uma excursão à Rússia de seu tempo. E Yvonne viu-se vagando a seu lado pelas ruas de Moscou imperial, por São Petersburgo e por várias outras cidades, por aldeias e lugarejos.

Mostrou-lhe a entidade e explicou-lhe mil coisas todas relacionadas com hábitos, modo de vida, vestimentas, utensílios de uso tradicional como o *samovar*, por exemplo, que é o recipiente onde os russos preparam seu chá.

Apresentou-lhe fachadas de residências nobres com seus parques sugestivos como também as residências humildes das aldeias, ou *isbas* como ele as chamou.

E mostrou-lhe, ainda, o poético outono russo, um panorama belíssimo, com um nostálgico pôr de sol e um céu cinzento-azulado, com reflexos róseos; as folhas se desprendendo das árvores e rodopiando no ar. Tão forte foi a sugestão recebida por Yvonne, ou a *recordação* extraída de seu subconsciente, que ela chegava a ouvir o rumor do vento e das folhas que se despegavam dos galhos para tapetarem o chão...

E a entidade mostrou-lhe, também, o inverno com uma sucessão de planícies geladas, tempestades de neve e granizo; e habitações, ruas, estradas, jardins e parques cobertos de neve. Caminhavam, e tão real era a sensação de Yvonne, que ouvia ela os passos de seu acompanhante rumorejando sobre a neve que rangia sob seus pés!

A partir de então, seguiu-se um doce e afetuoso convívio entre os espíritos Yvonne e Leon Tolstói.

Seis meses após o primeiro encontro, sem que Yvonne se julgasse ainda preparada para a missão, apresentou-se-lhe subitamente Leon Tolstói e ditou-lhe psicograficamente, de uma só arrancada, um dos contos constantes do livro *Ressurreição e vida*. E, após, foram ditados os outros belos contos desta obra que Yvonne classificou como sendo a mais fácil que lhe foi dado captar do além-túmulo.

E Yvonne encerra as sugestivas palavras de sua introdução a este tocante trabalho literário de Leon Tolstói, com os desejos de que ele reconforte os corações sedentos de esperança, para satisfação da nobre alma do apóstolo que amorosamente lha concedeu. Desejos estes plenamente realizados, como o podem testemunhar todos aqueles que tiveram a felicidade de conviver com Leon Tolstói em *Ressurreição e vida*.

PENSAMENTOS DE LEON TOLSTÓI, ESPÍRITO

Que se estanquem as lágrimas de saudade à beira das sepulturas: que serene o desespero no coração das mães diante do esquife de um filho que não mais sorri; que se levante a fronte do ancião, cujo desânimo só tem a morte por finalidade. Para além do túmulo existe, é real, é infinitamente mais intensa e positiva, a vida com que o Criador nos dotou, vida que nos cenários terrenos tão curta e tão angustiosa nos parece! O ser humano sobrevive em espírito, em inteligência e vontade, após a corrupção da morte, que nada mais é que a transição de um estado anormal – o de encarnação – para o estado normal e verdadeiro – o espiritual.

Nenhum de nós será tão pobre que não possa favorecer o próximo com algo que possua para distribuir: o pão, o lume, o bom conselho, a advertência solidária, a assistência moral no infortúnio, o ensinamento do bem, a lição ao ignorante, a visita ao enfermo, o consolo ao encarcerado, a esperança ao triste, o trabalho ao necessitado de ganhar o próprio sustento honrosamente, a proteção ao órfão, o seu próprio coração de amigo e irmão em Cristo, a prece rogando aos céus bênçãos que aclarem os caminhos dos peregrinos da vida; o perdão àqueles que nos ferem e nos querem mal...

E encontrei, então, dentro de mim próprio, aquele Reino de Deus que Jesus anunciara... Encontrei-o na paz do dever cumprido, que me embalava o coração...

E se tu, meu amigo, desejas encontrar aquele Reino de Deus de que o Unigênito dos Céus nos dá notícias, ama os desgraçados! Cada lágrima que enxugares em seus olhos, cada conselho bom que dispensares ao pobre desarvorado da vida, é mais um passo que darás em direção a esse reino que, finalmente, encontrarás dentro de teu coração mesmo, assim aprendendo o cumprimento da Suprema Lei: – Amar a Deus sobre todas as coisas e ao próximo como a ti mesmo...

Esta observação pareceu-me tão justa e lógica que respirei tranquilizado de algumas apreensões que nos últimos tempos de minha vida tanto me afligiram. Encontrei-me, pois, no Além, tal como fui na Terra e como eu mesmo me fizera; reanimado, todavia, pela vantagem de concluir que minha consciência, se não aprovava plenamente, também não se acusava irremissivelmente, antes rejubilava-se com a certeza de que muita razão tivera em se agitar diante de aspectos precários apresentados pelo mundo.

E desejei, como espírito investigar a solução de muitos problemas graves que atormentam a Humanidade. Em todos os tempos. Eu sempre me afligira pelos sofrimentos do homem. Quisera repará-los ou arredá-los, sem que tal pretensão me tivesse sido possível uma só vez, verdadeiramente alheio, como me encontrava, ao conhecimento de certos detalhes das equitativas leis de Deus. Quantas vezes lamentei, sozinho e incompreendido, não sentir em minhas forças valores bastante acentuados para me transformar em reformador do mundo, tornando-me restaurador dos ensinamentos, já há muito esquecidos, do Redentor dos homens!

Há segredos do além-túmulo que será preferível ao homem ignorar, por enquanto.

Compreendi, estarrecido, que o plano da Vida Imortal era bem mais vasto do que eu imaginara e que me cumpriria um aprendizado minucioso das leis regeneradoras do Universo, para que chegasse a compreender o porquê de tantas anormalidades chocantes, existentes na Terra como no Além.

Inconsolável, porém, ao verificar, depois que as águas do Volga não foram capazes de proteger

A VIDA NUMA COLÔNIA ESPIRITUAL · 161

o meu crime, dando-me o aniquilamento desejado; alucinado ante a intensidade dos desesperos
e dos opróbrios que deparei aquém do túmulo,
através do suicídio. Desapontado frente à decep-
ção de compreender que não lograra encontrar
senão o fundo das águas, em vez do esqueci-
mento tão esperado, pois ali permaneci durante
muito tempo, atado ao corpo que se consumia
devorado pelos peixes. Enraivecido ante o ludi-
brio que me atingira com o suicídio. Desampara-
do pela esperança e pela fé em minhas próprias
possibilidades...

Sim, sou feliz, porque resignado à minha condição de cego e materialmente enfermo, mas
certo de que possuo uma alma imortal criada à
imagem e semelhança de Deus, a qual progride e se eleva no carreiro da Eternidade, para a
glória de uma felicidade imprevisível; e que esta
alma, ao decesso deste corpo, que sinto apodre-
cer enquanto o habito, estará linda e aclarada
pela experiência educadora, louca e sorridente,
entoando hosanas a Deus por esta bendita ex-
piação, que me está redimindo através de an-
gústias, inconcebíveis para quem não conhece
esta verdade eterna!

Que me importa sejas paralítico?! Porventura o amor observa tais conveniências? Amo-te por tua Alma, por tua doença até, porque me compadeço de tua desventura. O Apóstolo Paulo, não disse que o amor era compassivo? Pois isso é verdade. Se eu não te amar, quem te amará assim? E tu precisas de amor, meu querido, para encontrares os caminhos que levam a Deus.

09

ALLAN KARDEC, O CODIFICADOR

A 18 DE abril de 1857, foi publicado na França *O Livro dos Espíritos*, obra que alicerçou a filosofia espírita e que deu início à codificação do espiritismo.

Allan Kardec, o genial codificador dos ensinamentos espíritas ou revelações espirituais, a que ele próprio denominou espiritismo, é hoje um nome universalmente conhecido, respeitado e amado. No entanto, como pessoa, Allan Kardec é muito pouco conhecido.

Denizard Hippollyte Leon Rivail, eis o nome do sábio, filósofo, pesquisador, educador, que com tanto critério e o mais rigoroso método, nos legou a coleção de obras cujos ensinamentos tantas consolações e esperanças já espalharam por todo o mundo.

Auxiliado por espíritos, almas celestes habitantes do Infinito, e fundamentado nas respostas dadas às suas inquirições durante contatos realizados na França a partir de 1850, Kardec organizou todo um código filosófico-moral, calcado em fatos científicos por meio do método da experimentação.

Allan Kardec foi, portanto, o iluminado intermediário que, por predestinação, codificou, estruturou, deu forma à doutrina dos espíritos.

Rivail, desde sua mais tenra juventude, sentiu-se atraído para a educação, para a ciência e para a filosofia.

Fez seus primeiros estudos em Lion, França, sua cidade natal, tendo completado sua escolarização na Suíça. Aí foi discípulo de Pestallozzi, o revolucionário educador, responsável pelo sistema de ensino que reformulou os estudos na França e na Alemanha, com reflexos no mundo todo, inclusive no Brasil.

Bacharelou-se em Letras e Ciências. Emérito linguista, conhecia perfeitamente bem como falava fluentemente, além do francês, sua língua materna, o alemão, o inglês, o italiano, o espanhol e o holandês.

Alto e belo moço, Denizard Rivail tinha maneiras distintas e era bem-humorado entre os íntimos, sempre bondoso e atencioso para com todos.

Conseguindo sua isenção do serviço militar, dois anos mais tarde fundou uma escola em Paris, tendo por sócio um tio, irmão de sua mãe. Entretanto, este sócio e tio era dominado pela paixão do jogo e acabou levando o sobrinho à ruína.

A importância conseguida na liquidação da escola, Denizard Rivail empregou-a numa casa comercial cujo proprietário veio a realizar maus negócios, provocando a falência da firma.

Longe de desanimar com este duplo revés, Denizard, já então casado, lançou-se corajosamente ao trabalho. Encarregou-se da contabilidade de três firmas e, à noite, escrevia livros para o ensino superior, além de fazer tradução de obras inglesas e alemãs, bem como organizar cursos gratuitos de química, física, astronomia e anatomia comparada.

Estes detalhes nos revelam que o Codificador do espiritismo era uma criatura excepcional, profundamente dedicado ao trabalho e dono de uma extraordinária cultura.

Em 1832, casou-se com a professora Amélie Gabriele Boudet – sua doce Gabi – que exerceu profunda influência em todo o trabalho do sábio de Lion.

Por dois motivos, Denizard Hippolyte Leon Rivail adotou o pseudônimo de Allan Kardec: primeiro porque, certa noite, através de um médium, seu espírito protetor, disse tê-lo conhecido em uma existência anterior, quando, ao tempo dos druidas, viviam ambos na Gália e que tinha ele, então, o nome de Allan Kardec; em segundo lugar, porque como Denizard Rivail tinha o seu nome muito conhecido no mundo científico e nos meios educacionais por suas publicações anteriores, e temendo que isto comprometesse o êxito de sua missão, aceitou a sugestão de assinar suas obras espíritas com o pseudônimo de Allan Kardec.

Foi somente em 1854, aos 50 anos de idade, que Denizard Rivail ouviu pela primeira vez falar nas *mesas girantes,* por intermédio de um magnetizador seu amigo que lhe assegurou então que não só se podia fazer girar uma mesa, como também era possível fazê-la falar através de um código de batidas previamente estabelecido.

Foi com incredulidade que o senhor Rivail ouviu esta informação, declarando que, quando lhe conseguissem provar que uma mesa pudesse dispor de cérebro para pensar, nervos para sentir e de atividade própria para se movimentar, aí, sim, poderia crer em semelhante declaração.

Este era, de início, o estado de espírito do senhor Rivail, nada negando por prevenção, mas exigindo provas e querendo ver, observar e experimentar, para poder acreditar. Tinha, então, o sábio e cientista, dúvidas, inquietações e hesitações e não podia aceitar, sem provas concretas, fatos para ele contrários às leis da Natureza e que a razão de um pesquisador não podia acatar.

Não tinha até aí visto nem observado nada. Apenas sabia de experiências feitas em presença de pessoas honradas e dignas de fé, e que lhe davam notícias de um efeito simplesmente material.

Contudo, a possibilidade de uma *mesa falante* não lhe cabia ainda na cabeça.

No ano seguinte – 1855 – o senhor Rivail encontrou um velho amigo que lhe falou com grande entusiasmo sobre os fenômenos das mesas girantes, mas desconfiou de sua exaltação. Foi este mesmo amigo quem por primeiro falou a Kardec da intervenção de espíritos nos fenômenos, o que só serviu para aumentar-lhe as dúvidas. Quando este seu amigo lhe declarou que um dia Kardec viria a ser um de seus adeptos, respondeu que não dizia que não, mas que no momento estava muito longe disso.

Algum tempo depois – maio de 1855 – estando o senhor Rivail em casa de uma sonâmbula (médium) e de seu magnetizador, foi convidado a assistir a uma sessão de experiências, convite este aceito de imediato.

E foi assim que, numa noite daquele mesmo mês, pela primeira vez, Allan Kardec – então ainda Denizard Rivail – pôde testemunhar o fenômeno das *mesas girantes*. E viu que as mesas pulavam e corriam em tais condições que não era mesmo possível nenhuma dúvida quanto à sua autenticidade. Nesta mesma ocasião, presenciou uns ensaios de escrita mediúnica, ainda muito imperfeitos, realizados com o auxílio de uma cestinha.

Porém, suas ideias não sofreram modificação ainda nesta oportunidade, mas ficou intrigado com o fato porque tudo, naturalmente, deveria ter uma causa; mais que isso: uma causa inteligente! E sentiu que, debaixo daqueles fenômenos ocorridos em ambiente de brincadeira e futilidade, deveria haver algo de sério e percebeu como que a revelação de uma nova lei científica. E o sábio de Lion prometeu a si mesmo investigar o caso mais a fundo.

Logo depois, surgindo a oportunidade de participar de reuniões semanais realizadas em uma residência, tornou-se, a partir daí, um assíduo frequentador.

Foi precisamente aí que o futuro Codificador iniciou estudos sérios do espiritismo. Sujeitou esta nova ciência, como fazia sempre, ao método da experimentação. Jamais formulava ideias preconcebidas ou teorias infundadas; procurava atingir a causa pelos efeitos, com dedução, pelo encadeamento lógico dos fatos, não aceitando como válida uma conclusão enquanto não se revelasse possível sua comprovação.

Uma de suas primeiras conclusões foi a de que os espíritos, sendo apenas as almas dos homens, não possuíam nem a soberana sabedoria, nem a soberana ciência. Seu saber era, assim, restrito ao seu próprio grau de evolução, e que a opinião que emitissem não tinha mais que o valor de uma opinião pessoal. Esta conclusão permitiu a Kardec não só não acreditar na infalibilidade das comunicações, como não formular teorias antecipadas que se fundamentassem na participação de um só espírito.

No entanto, de uma coisa estava ele convencido: a comunicação dos espíritos provava a existência de um mundo invisível e que cada entidade ia revelando a realidade daquele mundo, da mesma maneira que se pode conhecer os detalhes de um país interrogando-se os seus habitantes nas suas várias classes e condições.

Para Kardec, desde o princípio, os espíritos foram fontes de informação e não reveladores predestinados.

Apesar de tudo, solicitado por outras ocupações, Allan Kardec esteve a ponto de desistir de suas pesquisas. Não o fez, entretanto, atendendo aos insistentes pedidos de amigos que lhe entregaram 50 cadernos com o registro de numerosas comunicações, para que ele fizesse sua coordenação.

Foi então que, certa noite, seu espírito protetor deu-lhe a comunicação de que o havia conhecido como um sacerdote druida por nome Allan Kardec e que ele deveria prosseguir na importantíssima tarefa, podendo esperar o amparo necessário para a sua realização.

Allan Kardec entregou-se, assim, à concretização do monumental trabalho.

Organizou um vasto questionário a ser apresentado aos espíritos a fim de atingir os ambicionados resultados.

De início, Kardec não visava senão a sua instrução, mas depois, percebendo que tudo aquilo constituía um conjunto, bem como assumia os contornos de uma doutrina, teve a ideia de publicar o trabalho para conhecimento de todos.

E foram estas mesmas questões que, paulatinamente desenvolvidas e completadas, constituiriam a base de *O Livro dos Espíritos,* obra inicial das cinco escritas por Allan Kardec, e por ele mesmo considerada como sendo a pedra angular do edifício espírita.

Em 1861, é publicado o volume seguinte da extraordinária coletânea: *O Livro dos Médiuns,* que apresenta a parte experimental do espiritismo.

Em 1864, teve lugar a publicação de *O Evangelho segundo o Espiritismo,* obra que apresenta a face moral e religiosa da doutrina, com apoio na mensagem de Jesus.

No ano seguinte, 1865, é a vez de *O Céu e o Inferno,* livro que descreve o mundo dos espíritos e explica como se manifesta a Justiça Divina conforme o espiritismo.

A Gênese saiu em 1868, um ano antes da desencarnação do Codificador. É uma análise geral do espiritismo, tratando da formação da Terra e de seu povoamento.

E na manhã de 31 de março de 1869, aos 64 anos de existência física, o coração de Denizard Hippollyte Leon Rivail, o Allan Kardec, detém-se para sempre naquela encarnação.

A mulher de Kardec, Amélie Gabrielli Boudet, sobreviveu-lhe ainda por mais nove anos, tendo desencarnado em 1878, aos 83 anos de vida material.

10

ESPIRITISMO E COMPORTAMENTO ESPÍRITA (I)

CITAÇÕES DE ALLAN KARDEC:

O espiritismo é uma doutrina filosófica de efeitos religiosos, como qualquer filosofia espiritualista, pelo que, forçosamente, vai ter às bases fundamentais de todas as religiões: Deus, a alma e a vida futura. Mas não é uma religião constituída, visto que não tem culto nem rito, nem templos e que, entre seus adeptos, nenhum tomou nem recebeu o título de sacerdote ou de sumo sacerdote". (Do capítulo "Ligeira resposta aos detratores do espiritismo, em *Obras Póstumas*).

A verdadeira adoração é a do coração. Em todas as vossas ações, lembrai-vos sempre de que o Senhor tem sobre vós o seu olhar. (Lei de Adoração – *O Livro dos Espíritos*).

O espiritismo é uma nova ciência que, com provas irrecusáveis, vem revelar aos homens a existência e a natureza do mundo espiritual e suas relações com o mundo corporal. (*O Evangelho segundo o Espiritismo*).

Tendo-me as circunstâncias posto em relação com outros médiuns, sempre que se apresentava a ocasião eu a aproveitava para propor algumas questões que me pareciam mais espinhosas. Foi desta maneira que mais de dez médiuns prestaram concurso a este trabalho. Da comparação e da fusão de todas as respostas, coordenadas, classificadas e muitas vezes modeladas no silêncio da meditação, foi que elaborei a primeira edição de *O Livro dos Espíritos* entregue à publicação em 1857. (*Obras Póstumas*).

O perispírito é o envoltório semimaterial do espírito. Nos encarnados, serve de intermediário entre o espírito e a matéria. Nos errantes (desencarnados) constitui o corpo fluídico do espírito. (O *Livro dos Médiuns*).

A natureza do envoltório fluídico está sempre em relação com o grau de adiantamento moral do espírito. Os espíritos inferiores não podem mudar de envoltório a seu bel-prazer, pelo que não podem mudar, à vontade, de um mundo para o outro. (*A Gênese*).

O espiritismo, longe de negar ou destruir o Evangelho, vem, ao contrário, confirmar, explicar e desenvolver, pelas novas leis da Natureza, que revela tudo quanto o Cristo disse e fez; elucida os pontos obscuros do ensino cristão, de tal sorte que, aqueles para quem eram ininteligíveis certas partes do Evangelho, ou pareciam inadmissíveis, as compreendem e admitem, sem dificuldades, com o auxílio desta doutrina; veem melhor o seu alcance e podem distinguir a realidade e a alegoria; o Cristo lhes parece maior; já não é simplesmente um filósofo, é um Messias divino. (*A Gênese*).

Jesus empregava amiúde, na sua linguagem, alegorias e parábolas, porque falava de conformidade com os tempos e os lugares. Nossa missão consiste em abrir os olhos e os ouvidos a todos, confundindo os orgulhosos e desmascarando os hipócritas, os que vestem a capa da virtude e da religião, a fim de ocultarem suas torpezas. O ensino dos espíritos tem que ser claro e sem equívocos para que ninguém possa pretextar ignorância e para que todos possam julgar e apreciar com a razão. Estamos incumbidos de preparar o reino do bem, que Jesus anunciou. (*O Livro dos Espíritos*).

O verdadeiro homem de bem é aquele que pratica a lei de justiça, de amor, de caridade na sua maior pureza. Se interroga a sua consciência em relação aos próprios atos, a si mesmo pergunta se não violou a lei; se não ocasionou prejuízos; se fez todo o bem que lhe era possível; se desprezou voluntariamente alguma oportunidade de ser útil; se alguém lhe tem queixas; se fez aos outros como quereria que lhe tivessem feito. (*O Evangelho segundo o Espiritismo*).

O espiritismo é, ao mesmo tempo, uma ciência de observação e uma doutrina filosófica. Como ciência prática, ele consiste nas relações que se estabelecem entre nós e os espíritos; como filosofia, compreende todas as consequências morais, que dimanam dessas mesmas relações. (*O Que é o Espiritismo*).

Espíritos protetores nos ajudam com os seus conselhos, mediante a voz da consciência, que fazem ressoar em nosso íntimo. Como, porém, nem sempre ligamos a isso a devida importância, outros conselhos mais diretos eles nos dão, servindo-se das pessoas que nos cercam. (*O Livro dos Espíritos*).

O progresso da Humanidade tem o seu princípio na aplicação da lei da justiça, de amor e de caridade, lei que se funde na certeza do futuro. Tirai-lhe essa certeza e lhes tirareis a pedra fundamental. Dessa lei derivam todas as outras, porque ela encerra todas as condições da felicidade do homem. (*O Livro dos Espíritos*).

Jesus veio mostrar aos homens o caminho do verdadeiro bem. Por que, tendo-o enviado para lembrar a sua lei que estava esquecida, não havia Deus de enviar, hoje, os espíritos, a fim de a lembrarem novamente aos homens, e com mais precisão, quando eles a olvidam para tudo sacrificar ao orgulho e à cobiça? (*O Livro dos Espíritos*)

11

ESPIRITISMO E COMPORTAMENTO ESPÍRITA (II)

CITAÇÕES DE DEOLINDO AMORIM EM
O ESPIRITISMO E AS DOUTRINAS ESPIRITUALISTAS:

> Não pretendemos estabelecer gradações ou estimativas, principalmente porque, em se tratando de problemas de consciência, matéria de natureza muito individual, só mesmo o foro íntimo é que pode optar pela melhor doutrina ou religião, de acordo com a receptividade e o discernimento de cada pessoa. Devemos dizer, porém, claramente. O QUE É QUE NÃO É ESPIRITISMO, para que

não haja confusão nem tomem corpo interpretações duvidosas. Não temos outro intuito. Tentar esclarecer não é demolir, é servir à Verdade, respeitando as ideias alheias.

Cada qual é livre em suas opções. Há os que encontram respostas na teosofia ou no esoterismo, há os que se sentem bem no culto umbandista, e há os que são felizes no espiritismo por terem encontrado a solução de seus problemas íntimos pelas luzes da doutrina ou pelas lições da mediunidade. São problemas individuais, inerentes ao foro íntimo e, por isso, indiscutíveis.

Em concordância com a doutrina, à luz de seu pensamento orientador, estamos à vontade para declarar tranquilamente: respeitamos a posição do israelita na sinagoga, tanto quanto respeitamos a sinceridade do praticante na umbanda em seu terreiro, diante dos objetos de sua crença, mas nem por isso iríamos concordar com a introdução de velas, imagens ou congás em sessões espíritas.

O ensino da reencarnação, apesar de antiquíssimo, não chegou ao espiritismo pelas doutrinas orientais, mas pelas comunicações dos espíritos.

Ainda assim, não foi aceito passivamente, mas pelo raciocínio, pela comparação, pela confirmação coletiva.

A reencarnação é uma tese lógica, sobretudo porque é a solução mais racional para certos problemas transcendentais, como a justiça divina perante as desigualdades humanas, o livre-arbítrio e o determinismo, antipatias e afeições, como tantos outros problemas filosóficos.

O espiritismo preocupa-se fundamentalmente com a substância moral do Evangelho, sem descer aos debates secundários nem às intermináveis demandas históricas. A exegese evangélica é tão vasta, tão complexa, que envolve problemas linguísticos, geográficos, psicológicos, etc, etc, ao passo que os ensinamentos morais de Jesus, em sua pureza, estão acima dos sofismas ou das agilidades verbais. O Evangelho praticamente falando, é um código de vida. A moral do Evangelho, no que ela tem de mais límpido e perene, em todas as latitudes, desde que seja vivida e não apenas recitada, é o mais seguro ponto de apoio para que o homem se torne melhor e mais feliz.

Consequentemente, segundo o espiritismo, o Evangelho não deve ser considerado mero "tratado de fé", porque deve ser, acima de tudo, um motivo permanente de ação regeneradora. Interpretá-lo ao pé da letra é obscurecer-lhe o espírito, e é este que vivifica, como já diz a própria sabedoria evangélica.

Mister se faz que haja uma luz nova, e esta luz, para nós, é o espiritismo, porque a sua filosofia explica o Evangelho, tornando-o mais claro, mais coerente, mais consentâneo com a realidade humana e espiritual. Devemos, pois, firmar um ponto: É O ESPIRITISMO QUE EXPLICA O EVANGELHO, NÃO É O EVANGELHO QUE EXPLICA O ESPIRITISMO.

O aspecto moral da reencarnação deve merecer sempre uma consideração muito lúcida, justamente porque este aspecto se reflete na vida familiar, nas relações profissionais, na vida social, enfim. Quem deve, seja onde for, terá que pagar, cedo ou tarde. É a lei.

A reencarnação não é, portanto, simples questão de crença, mas um princípio lógico, assim como nós a entendemos, pois abre à inteligência inquiridora uma perspectiva de justiça muito mais ampla, através de existências diversas.

O Cristo como se sabe, não criou igrejas, nem sacerdócio, nem seitas: falou ao ser humano e lançou a mensagem de vida e amor.

O espiritismo não é uma técnica de intercâmbio entre vivos e mortos. É uma doutrina que penetra na mais alta ordem de especulações, porque se preocupa com as causas, a justiça divina, a supremacia dos valores espirituais, o destino do ser humano.

Há pessoas que frequentam centros espíritas, procuram médiuns em qualquer parte, mas ainda acreditam no inferno, ainda se "benzem" com medo de azar... São espíritas? Não.

Para que se opere, progressivamente, a transformação do homem, não é necessário nem admissível contrariar as leis naturais ou viver de forma destoante dos costumes sociais. Para que alguém seja reconhecido como um homem de bem não é preciso ser antissocial nem andar de casaca ou usar roupas antiquadas. Nem o Cristo ensinou tais discrepâncias.

A diretriz espírita não se coaduna, evidentemente, com certos hábitos de origem remota, como não sanciona qualquer forma de abstração ou de retraimento que possa levar o homem a sair dos quadros naturais da vida em sociedade.

O que a doutrina espírita reprova, como se sabe, é o abuso, a licenciosidade, a indecência. Mas ao invés de dizer ao homem que deve fugir do mundo para não se contaminar de "pecados", prepara o homem para enfrentar o mundo.

FONTES DE CONSULTA

– De Allan Kardec: *O Livro dos Espíritos, O Evangelho segundo o Espiritismo, O Livro dos Médiuns, A Gênese* e *Obras Póstumas*.

– De André Luiz: *Nosso Lar, Os mensageiros, Obreiros da vida eterna, Entre o Céu e a Terra, ...E a vida continua*, psicografia de Francisco Cândido Xavier.

– De Emmanuel: *Há dois mil anos; Ave, Cristo!; Livro da esperança; Renúncia;* obras psicografadas por Francisco Cândido Xavier.

– De Antônio F. Rodrigues: *Como vivem os espíritos*.

– De Leon Tolstói, psicografia de Yvonne A. Pereira: *Ressurreição e vida*.

– De Deolindo Amorim: *O espiritismo e as doutrinas espiritualistas.*

– De Henri Sausse: *Biografia de Allan Kardec.*

– De André Moreil: *Vida e obra de Allan Kardec.*

– De Léon Denis: *No invisível.*

– Do irmão Jacob: *Voltei*

– Do Dr. Raymond A. Moody: *Vida depois da vida* e *Reflexões sobre a vida depois da vida.*

– De Heigorina Cunha e Francisco Cândido Xavier e espíritos André Luiz e Lucius: *Cidade no Além.*

– Jornais: *Folha Espírita, Folhetim Espírita* (trabalho de Antonio Sérgio C. Piccolo sobre Camille Flammarion).

DADOS REFERENCIAIS DO AUTOR

JOÃO DUARTE DE Castro foi professor de Língua Portuguesa, jornalista e escritor espírita.

Presidente da UNIMES - União Intermunicipal Espírita de Santos - Diretor e redator do Jornal *Espiritismo e Unificação* de Santos, Presidente do Centro Espírita "Henrique Seara", de Santos, SP.

Fez uma estreia auspiciosa no campo do livro com *Nos horizontes da espiritualidade*, um trabalho filosófico valioso, despido de preconceitos e sem misticismo.

Em conjunto com outros Autores participa dos seguintes livros: *Tome nota - Aids, Homossexualismo, Alcoolismo, Conflitos familiares e temas diversos – O espiritismo e os problemas da humanidade – Um pouco mais sobre mediunidade,* todas obras publicadas pela Editora EME..

Em seu romance *A viagem* produziu uma trama com tudo para agradar aos apreciadores de uma boa narrativa; com seu estilo fluente e agradável, o autor conduz os leitores – como passageiros privilegiados – por uma autêntica e emocionante viagem que outra não é senão a própria vida.

COMENTÁRIOS SOBRE:

A vida numa colônia espiritual:
– *Boletim SEI* - Rio de Janeiro, RJ : "Com este livro o confrade João Duarte de Castro oferece novos e valiosos subsídios para o estudo do espiritismo. Jornalista, escritor, tem se destacado como incansável colaborador à causa do estudo e da difusão do espiritismo.

A vida numa colônia espiritual é livro de leitura indispensável. Reúne informações cuidadosamente colhidas em diferentes obras sobre como é a vida na Espiritualidade, contendo, então, vigorosa mensagem de encorajamento a todos nós, reencarnados, para que aproveitemos a oportunidade de alcançarmos nossa reforma moral. É livro que atende também ao crescente número de pessoas interessadas em conhecer as informações que a doutrina espírita oferece acerca da sobrevivência da alma, da comunicabilidade entre "vivos" e "mortos", sobre reencarnação e tantos outros temas palpitantes."

– *Aureliano Alves Netto*, jornalista e escritor espírita: *A vida numa colônia espiritual* é obra calcada nas narrativas da série luiziana e que alcançou excelente receptividade entre os amantes da boa leitura".

– *Celso Martins*, jornalista e escritor espírita: *A vida numa colônia espiritual* é dos melhores livros lançados sobre o tema. Leitura tão agradável como confortadora. Talvez você jamais consiga fazer uma viagem a um país europeu, seja viagem de recreio ou de pesquisa. Mas há uma viagem que você, eu, ele, todos nós faremos um dia, ganhando ou não uma bolsa de estudos ou na loteira esportiva: é a viagem para o mundo espiritual. Para lá existe sempre uma vaga no trem. Só que nós temos o bilhete de ida, mas não sabemos ao certo a hora da partida. Que vamos embarcar é coisa sabida e mais do que sabida. Apenas ignoramos o horário em que o comboio vai passar por nossa estação, levando-nos com ou sem malas arrumadas. Mas é salutar que, vez por outra, a gente pense em trazer as malas mais ou menos arrumadas, o passaporte à mão, o visto da Embaixada em dia.

A literatura espírita fornece-nos guias turísticos desta viagem de regresso ao Grande Além. E para tornar mais clara ainda nossa inevitável jornada, *A vida numa colônia espiritual* analisa com detalhes, com oportunas citações e exemplos fartos como é a vida do lado de lá. Como os espíritos se organizam, e trabalham, e estudam, e progridem, e marcham ao encontro da perfeição do infinito do amor de Deus".

VOCÊ PRECISA CONHECER

Reencarnação – a justiça de Deus
Cícero Alberto Nunes
Estudo • 15,5x22,5 cm • 288 páginas

Neste estudo, veremos que a ideia das vidas sucessivas sempre esteve presente na civilização humana, ainda que de maneira incompleta, sob os nomes de metempsicose, samsara, transmigração da alma, roda dos nascimentos, entre outros.

Perispírito – o que os espíritos disseram
Geziel Andrade
Estudo • 16x22,5 cm • 216 páginas

Por meio de uma linguagem fácil, Geziel consolidou neste livro, tudo o que os espíritos disseram a respeito do perispírito. Além de utilizar-se das informações contidas nas Obras Básicas e na Revista Espírita, Geziel visita também a vasta bibliografia de Léon Denis, Delanne, Emmanuel/Chico Xavier, Manoel Philomeno de Miranda/Divaldo Franco.

Os espíritos falam. Você ouve?
Wilson Garcia
Doutrinário • 14x21 cm • 176 páginas

Que os espíritos falam todos concordamos. Essa é uma verdade que não se pode mais negar. Porém, será que ouvimos realmente o que os espíritos falam?

VOCÊ PRECISA CONHECER

Peça e receba – o Universo conspira a seu favor
José Lázaro Boberg
Autoajuda • 16x22,5 cm • 248 páginas

José Lázaro Boberg reflete sobre a força do pensamento, com base nos estudos desenvolvidos pelos físicos quânticos, que trouxeram um volume extraordinário de ensinamentos a respeito da capacidade que cada ser tem de construir sua própria vida, amparando-se nas Leis do Universo.

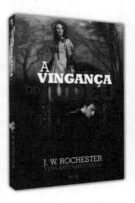

A vingança do judeu
Vera Kryzhanovskaia | Rochester (espírito)
Romance mediúnico • 16x22,5 cm • 270 páginas

O clássico romance de Rochester agora pela EME, com nova tradução, retrata em cativante história de amor e ódio, os terríveis fatos causados pelos preconceitos de raça, classe social e fortuna e mostra ao leitor a influência benéfica exercida pelo espiritismo sobre a sociedade.

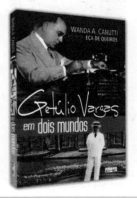

Getúlio Vargas em dois mundos
Wanda A. Canutti | Eça de Queirós (espírito)
Romance mediúnico • 16x22,5 cm • 344 páginas

É uma obra que percorre importantes e polêmicos fatos da História, da época em que Vargas foi presidente do Brasil. E vai além: descreve seu retorno ao plano espiritual pelas portas do suicídio; o demorado restabelecimento das forças e da consciência, até ser capaz de analisar o encadeamento dos fatos de sua última trajetória terrena, intimamente relacionados com amigos e desafetos de tempos imemoriais.

Não encontrando os livros da **EME** na livraria de sua preferência,
solicite o endereço de nosso distribuidor mais próximo de você através de
Fones: (19) 3491-7000 / 3491-5449
(claro) 9 9317-2800 (vivo) 9 9983-2575
E-mail: vendas@editoraeme.com.br – Site: www.editoraeme.com.br